Joseph Fick

Ein Scherflein zur Wahrheit

Joseph Fick

Ein Scherflein zur Wahrheit

ISBN/EAN: 9783744621366

Hergestellt in Europa, USA, Kanada, Australien, Japan

Cover: Foto ©ninafisch / pixelio.de

Weitere Bücher finden Sie auf **www.hansebooks.com**

Ein
Scherflein
zur
Wahrheit.

Von dem

Verfasser der Broschüre: „Liberal."

[Joseph Fick]

Regensburg.

Druck und Verlag von Georg Joseph Manz.

1872.

Die Gebote Gottes sind alle gleich verbindlich, und es ist nothwendig, sie insgesammt mit derselben festen Entschlossenheit zu halten. Nichtsdestoweniger kann es geschehen, und kann mit Fug geschehen, daß der einsichtige Seelsorger, nach Zeit= und Ortsverhältnissen, auf das eine oder andere einen vorzüglichen Accent legt, bei jeder Gelegenheit darauf zurück= kommt, und es mit besonderer Stärke und Innigkeit einschärft, nicht als ob er die Beobachtung der übrigen Gebote für weniger nothwendig hielte; sondern weil hierin besonders die Krankheit seiner Zeit oder seiner Gemeinde liegt, und weil der Arzt das Uebel dort angreift, wo er es findet. Eben so ist das aufrichtige und demüthige Bekenntniß aller Glaubensartikel dem Katholiken für sein Heil gleich unerläßlich. Aber wir sehen die Kirche selbst in gewissen Epochen ihrer Geschichte den einen oder andern mit besonderer Kraft hervorheben und den Gläubigen mit dringenderem Ernst an's Herz legen. Es geschieht dieß gewöhnlich in Zeiten der Prüfung, wo von dem Feinde Wider= spruch gegen eine solche Glaubenswahrheit erhoben wird, oder auch dieselbe, was freilich meist nur in Folge fortgesetzten Widerspruches zu geschehen pflegt, in den Gemüthern ge= schwächt und verdüstert ist, und der wunderthätigen Kraft, die dem Glauben innewohnt, zu ermangeln anfängt. Für solche

1*

Wiedererweckung des in den Seelen ersterbenden Glaubens hat die Kirche mannigfaltige Mittel; das feierlichste von Allen ist eine allgemeine Kirchenversammlung.

Zu so außerordentlichen Manifestationen der christlichen Gemeinschaft und Autorität beburfte es allezeit einer höchst ge=wichtigen, die Glaubensreinheit der gesammten Christenheit be=treffenden Veranlassung. Als zu Anfang des vierten Jahrhunderts in der Lehre von der Gottheit des Erlösers die Wurzel alles christlichen Glaubens durch einen Mund des Verderbens ange=griffen worden war, da versammelte sich das erste allgemeine Concil von Nicäa, und indem es dem Irrthume das Anathem sprach, formulirte es in den bestimmtesten und unzweideutigsten Ausdrücken, was die Christenheit von jeher geglaubt hatte. — Als um die Mitte desselben Jahrhunderts ein anderer Lügen=geist der göttlichen Persönlichkeit des heiligen Geistes und da=mit dem Geheimnisse der heiligsten Dreieinigkeit widersagte, verurtheilte das erste Concilium zu Constantinopel den Irrthum, und setzte die alte Wahrheit in unmißdeutbaren, dem Bedürf=nisse der Gegenwart entsprechenden Worten fest. — Nachfolgen=den Irrthümern über die Person des Erlösers, deren genaueste Erkenntniß, soweit sie in der Offenbarung gegeben ist, das höchste Interesse des Christen und der Kirche sein muß, be=gegneten die Concilien zu Ephesus, Chalcedon und das dritte zu Constantinopel; sie bestätigten und erklärten mit aller dem erleuchteten Glauben nothwendigen und faßbaren Deutlichkeit die überlieferte Lehre von der Einheit der Person Christi (gegen Nestorius), von der Zweiheit seiner wahrhaft gött=lichen und wahrhaft menschlichen Natur (gegen Eutyches) und darum auch von der Zweiheit seines göttlichen und menschlichen Willens (gegen Sergius und die Monotheleten). — Anderer von anderen allgemeinen Concilien verurtheilten Irrthümer hier zu geschweigen (deren Kenntnißnahme für die Folgezeiten von weniger allgemeinem Interesse ist), so hat wiederum, nachdem das bisher kaum angetastete Geheimniß der hochheiligen Eucharistie durch Berengar und seine Nachfolger Gegenstand ketzerischer Angriffe geworden war, und nachdem bereits mehrere Provinzialconcilien den Irrthum verworfen hatten, das unter Papst Innocenz III. versammelte vierte (all= gemeine) lateranensische Concilium das letzte Wort gesprochen, und die von allen Vätern und Lehrern der Kirche verkündigte Lehre von der wahrhaftigen Verwandlung der Substanz des Brodes und Weines in die Substanz des Leibes und Blutes Jesu Christi (Transsubstantiation) dem christlichen Volke als unwandelbaren Glaubensartikel vorgestellt.

Aus dem Bisherigen ergibt sich von selbst, daß alle dog= matischen Beschlüsse allgemeiner Concilien zu allen Zeiten Wiederholungen, Einschärfungen, dem Zeitbedürfnisse ent= sprechende Formulirungen, Aufhellungen, Verdeutlichungen der alten und vollständigen Kirchenlehre gewesen sind. Es kann und konnte niemals eine neue Glaubenslehre ausgesprochen wer= den. Die Begriffe „neu" und „Glaubenslehre" widersprechen sich vollständig, wie Kreis und Quadrat. Unser Herr und Heiland hat den Gesammtschatz des christlichen Glaubens, zu dessen Verkündigung er vom Himmel herabgestiegen, und für welchen er gestorben war, seinen Aposteln übergeben. Es hat Ihm aber nicht gefallen, ein Lehr= oder Schulbuch darüber abzufassen, oder seine Apostel mit Abfassung eines solchen zu beauftragen. Er hielt das heilige Pfand in der lebendigen, vom Wehen des heiligen Geistes durchströmten Kirche viel besser gewahrt. In der Kirche ist alles Tradition. Auch die heiligen Schriften und das fortlaufende Zeugniß von ihrer Göttlichkeit sind Tradition. Denn nicht der tödtende Buch= stabe, sondern der lebendig machende Geist stellt die Wahrheit sicher. Und wenn es geschehen kann, daß auch der Inhalt der Tradition in den gebrechlichen Gefäßen, die ihn tragen, zeitlichen oder örtlichen Schaden leidet, so bedarf es nur

abermals eines Aufgebotes des nämlichen Geistes, in der von
der Kirche an die Hand gegebenen Weise, um die erfrischte
Ueberlieferung in ihrer ganzen Vollständigkeit, Makellosigkeit
und Schönheit wieder aufleben zu machen. Ja es kann geschehen, daß gerade die Verblassung eines Theils der Ueberlieferung, und die gegen denselben aufgebrachten Irrthümer und
Angriffe dazu dienen müssen, um die inneren Glaubensgründe
desselben tiefer zu erkennen, den Zusammenhang der erbleichten
oder bestrittenen Sätze mit allen anderen Glaubenswahrheiten
überzeugender aufzufassen, und die erneuerte Wahrheit auch in
erneuertem und unwiderstehlichem Glanze leuchten zu machen.
Denn der Teufel muß allezeit das Reich Gottes nicht nur
unangetastet lassen, sondern auch förbern. Und in so fern
darf auch gesagt werden, daß so wenig ein neuer Glaubensartikel denkbar ist, so gewiß doch eine erneuerte Belebung,
gläubige Verdeutlichung, wachsende Verständlichkeit und be-
müthige Einsicht in die Einheit und Zusammengehörigkeit aller
geoffenbarten Wahrheit möglich und in der Kirche wirklich ist.
Und es ist die Hoffnung gestattet, daß vor Ablauf der Tage
alle Glaubensartikel den höchsten Grad der Klarheit erreicht
haben werden, der auf Erden möglich ist. Denn was Gott
einzelnen bevorzugten Seelen nicht vorenthielt, die er in dieser
Hinsicht oft wunderbar gemehrt und erhöht hat, wie sollte er
dieß seiner unbefleckten Braut, der Kirche, verbergen wollen?

Im sechzehnten Jahrhundert ergab sich aus einer Reihe
zusammenhängender Glaubensirrthümer eine Folge, welche die
Ketzereien des christlichen Alterthums nicht gehabt hatten. Diese
letzteren hatten sich allerdings von der Kirche getrennt, aber
sie hatten den Schein und die Vorstellung der Kirche bei sich
bewahrt. Sie wagten es, was sie der großen Kirche Gottes
verweigerten, für ihre Secte in Anspruch zu nehmen. Damit
hatten sie eine gewisse äußere Form der Beständigkeit und
Fortexistenz gerettet, und es gibt Nestorianer seit fünfzehnhundert

Jahren. Die neuen Irrlehren wagten das nicht mehr. Die
Weltkirche war in zu ungeheure Dimensionen ausgewachsen,
als daß sie hoffen konnten, die Verhältnisse des lebendigen
Stammes und der abgeborrten Schößlinge verwechseln zu
machen. Sie läugneten also die Kirche überhaupt. Das heißt,
sie läugneten die lehrende, richtende, weihende Autorität der
Kirche. Unter ihnen war Niemand übrig geblieben, · der es
wagen durfte, im Namen Gottes einem Anderen Glauben zu
predigen, oder dessen Glauben zu richten. Der Gläubige nach
der neuen Form war Gott, seinem Gewissen und dem Buch=
staben des Bibelworts unmittelbar gegenüber gestellt. Darum
zerstiebten auch die Christenseelen, wie in der Luft zerstreutes
Pulver, nach den verschiedenen, bewegenden Windeshauchen.
Und darum hatte auch diese Neulehre den Unglauben in ihrem
unmittelbaren Gefolge, was mit früheren Irrlehren nicht so
der Fall gewesen war.

So ist es; nach der damaligen Predigt war die Kirche
aus der Welt genommen. Und es gelang, diesen negativen
Glauben in einem viel weiteren Umfange an die Generationen
zu bringen, als Alles, was man noch an richtigen oder un=
richtigen Positionen zu bieten hatte. Nicht die moralvernich=
tende Solafides=Lehre, welche den schwarzen Grundstein dieser
neuen Kaaba gebildet hatte, nicht die widerspruchsvolle oder
entartete Vorstellung der Abendmahlstheorie, nicht die Unter=
schlagung von vier oder fünf Sacramenten, nicht die mit Ver=
werfung der Sacramentalien vollzogene Aufhebung aller Be=
rührungen des übernatürlichen und natürlichen Lebens, nicht
die Geringschätzung der evident biblischen evangelischen Räthe,
nicht die Absperrung aller Wege zur christlichen Vollkommen=
heit hat die Gesellschaft der Gläubigen so weit hinaus zer=
rüttet, als die Erschütterung der Idee der Kirche. Denn wenn
der Brunnen der Wahrheit abgegraben ist, woher soll man
schöpfen?

Der aber mit seiner Kirche sein wird bis an's Ende der
Tage, der hat der Gefahr des damaligen Augenblicks die rechte
Wehr entgegenstellen lassen. Das Concil von Trient hat,
unter erschöpfender Abweisung aller anderen gleichzeitig aufgebrachten oder aus früheren Verirrungen wiederholten ketzerischen
Ungebühr, auf die Lehre von der Kirche einen besonderen Accent gelegt. Der „Pfeiler und die Grundveste aller Wahrheit"
stand wieder in ganzer Nothwendigkeit und Herrlichkeit vor
den Augen der Gläubigen. Das jetzt so oft wiederholte Wort
von der „kirchlichen Unfehlbarkeit" war für das sechzehnte
Jahrhundert, was das ὁμοούσιος für das vierte, das trans-
substantiatio für das dreizehnte gewesen war: der kurze Ausdruck des jetzt nöthigen Gedankens und Bekenntnisses, die spe-
cifische Arzenei gegen die Epidemie der Zeit. Das Concil
konnte Diejenigen nicht heilen, die sich seiner Behandlung entzogen, aber das erkrankte Israel wieder herzustellen, hat es
Wunder gethan. Wie ganz innerlich erquickt und erkräftigt
ging die Kirche aus den schweren Kämpfen dieser Zeit hervor!
Man kann wahrlich mit den Worten einer kostbaren Hymne
sagen, daß das Bemakelte gereinigt, das Abdorrende erfrischt,
das Verwundete geheilt, das Erstarrte geschmeidigt, das Er-
kaltete erwärmt, und das Verirrte auf den rechten Weg gebracht worden ist. Denn nicht nur, daß der Verbreitung des
Irrthums ein Ziel gesetzt, und ihm die Grenze gezogen wurde,
die er von dort an nicht mehr überschreiten durfte, so erhob
sich, dem Feinde zur Abwehr und den Freunden zur Wohlthat eine Anzahl eifriger Ordensgenossenschaften, ganze Geschlechter von Heiligen erleuchteten mehrere europäische Länder,
ein eifriger Geist der Andacht, des Gebetes, der Ablaßge-
winnung, der christlichen Verbrüderungen erhob sich im katholischen Volke, und manche Länder, die schon fast verloren
schienen, darunter unser gutes Oesterreich, blühten neu auf
wie ein frischer Garten Gottes. Ich weiß nicht, ob an allen

9

diesen Dingen nicht das neugekräftigte Bewußtsein von der
Unfehlbarkeit der Kirche den ersten und vorzüglichsten Antheil
hat. Denn wie oft ein Werk des Unheils auf ganz andern
Seiten seine Wirkung übt, als auf die es ursprünglich berech-
net war, so wird es noch natürlicher geschehen, daß Gedanken
und Worte des Segens, weil alle Wahrheiten und Tugenden
solidarisch sind, ihren Samen auch auf fernere Gebiete hin-
senden, und dort Blüthen und Früchte hervorbringen.

Aber die Welt blieb im Argen liegen und der Feind ruhte
nicht. Boden, Jahreszeit und Witterung war für das Auf-
schießen aller Arten von Irrthümern ungemein günstig und
fruchtbar. Die Kirche war zur Verwerfung verschiedener Sätze
herausgefordert, und sie hat sie verworfen durch den Mund
des obersten Bischofs, des Papstes zu Rom. Das verstanden
die katholischen Völker vollkommen, denn die ununterbrochene
Ueberlieferung von dem höchsten Richteramte des Papstes in
Sachen des Glaubens und der Sitten war ihrem Gedächtnisse
nicht entfallen, und sie gaben sich zufrieden mit dem alten
Worte: Roma locuta est, finita res est. — Aber der Feind
gab sich nicht damit zufrieden. Ihm lag daran, daß die Kirche
nicht zu finden sei, oder nicht zu Worte komme. Darum erhob
er Streit und Zweifel über das Subject der kirchlichen Unfehlbarkeit. Denn der Geist der absoluten Natürlichkeit, der
von jenseits ausgefahren, hatte auch dießseits gegriffen, und
war zu einem Zeitgeiste geworden, der sich der Uebernatur, so
viel an ihm war, zu erwehren trachtete, und wo er sich noch
nicht völlig von ihr lossagte, da suchte er sie in den engsten,
schwer zu überschreitenden Schranken zu beschließen. Die kirchliche Unfehlbarkeit war aber von den übernatürlichsten Dingen.
Darum sollte ihr der Wirkungskreis so eng zugemessen werden, daß sie, wenn es nach diesen Lehren gegangen wäre, fast
niemals hätte dazu gelangen können, das Wort der Entscheidung zu sprechen. Man warf also die Frage auf: Wer ist in

der Kirche der Träger der Unfehlbarkeit? — Daß den Aus=
sprüchen der allgemeinen Concilien der Charakter der Unfehl=
barkeit zukomme, darüber war kein Streit. Was ist aber ein
allgemeines Concilium? Es ist die feierlichste, großartigste,
weltumfassende Art des kirchlichen Zeugnisses; es ist der unter
dem Vorsitze des Papstes versammelte bischöfliche Senat der
Kirche, dergestalt, daß der Papst entweder persönlich, oder
durch seine Legaten gegenwärtig sei, oder daß er doch den
Beschluß der versammelten Bischöfe nachträglich bestätige.
Dabei darf jeder einzelne Bischof abgehen, aber der Papst
darf nicht abgehen, jeder einzelne Bischof darf dissentiren, aber
der Papst darf nicht dissentiren, wenn Etwas zu Stande kom=
men soll. So weit war man allezeit im Reinen. Aber die
Zustandebringung eines allgemeinen Conciliums ist eine Sache
von ganz außerordentlicher Schwierigkeit, und setzt Bedin=
gungen der Weltlage und der Geisterdisposition voraus, die oft
in Jahrhunderten nicht gefunden werden. Wenn in den frühern
Jahrhunderten, wo die Kirche fast noch auf den Boden des
römischen Reiches beschränkt schien, die Hindernisse groß waren,
so grenzen sie in der Fülle unserer Zeiten, und bei der Ver=
breitung der Kirche über alle Welttheile nahezu an die Un=
möglichkeit. Welche Menge von Potentaten, welche einsprechen,
Hindernisse setzen, Forderungen stellen, in den Gang der Be=
rathungen einzugreifen versuchen können! Welche Anarchie der
Geister, die sich nicht begnügen, das Concil nicht zu hören,
sondern, daß Andere es hören, verhindern möchten! Welches
Getöse einer kirchen=, gottes= und menschenfeindlichen Presse!
Wie sind schon die Concilien zu Constanz, Basel und Trient
verzögert worden, und wie war der Mund solcher heiligen
Versammlungen seit dreihundert Jahren völlig verstummt! Und
noch eine Betrachtung mußte Denjenigen, welche die unfehl=
bare Stimme der Kirche zu hören verlangten, natürlich sich
aufdringen. Das allgemeine Concilium ist allerdings, so lange

es versammelt ist, ein höchst lebendiges Organ. Aber was es hinterläßt, das ist wieder geschriebene oder gedruckte Ueber= lieferung, darum Buchstabe, und allen Schicksalen eines solchen unterworfen. Es kann über die richtige Bedeutung, über die Tragweite dieser Entscheidungen gestritten werden, und wir bedürfen neuerbings des lebendigen Geistes, das Wort der Entscheidung zu erklären, und die Absicht seiner Ausdehnung zu bestimmen.

Da hat man nun gesagt, die richtige Interpretation aller kirchlichen Lehren und Entscheidungen läge im Bewußtsein der ganzen Kirche. Man hat den consensus Ecclesiae dispersae als das Kriterium der Orthodoxie angegeben, und als Inbe= griff des katholischen Glaubens Dasjenige aufgestellt, quod semper, quod ubique, quod ab omnibus creditum est. — Es ist nun kein Zweifel, daß Dasjenige, was wirklich allezeit, und allenthalben und von Allen geglaubt worden ist, katho= lische Wahrheit sein muß. Ob aber allein Dieses? Und ob nicht in der Forderung eines solchen Beweises eine Falle liegt, der zu entgehen Vielen schwer werden könnte? Wir wissen, daß jener Satz zuerst von einem heiligen Manne in heiliger Meinung ausgesprochen wurde, er wird aber von Nicht=Heiligen in nicht=heiliger Absicht nachgesprochen, oder vielmehr verkehrt. Jener hat gesagt: „Was allgemein geglaubt wird, das ist katholische Wahrheit;" Diese aber sagen: „Was nicht allgemein geglaubt wird, das ist nicht katholische Wahrheit," und jeder Logiker muß sehen, daß dieser Satz mit dem vorigen nicht einerlei ist. Die positive Thatsache stellt sich leicht und un= gezwungen vor Allen heraus, die negative bedarf der mannig= faltigsten, verwickeltsten und verwirrendsten Untersuchungen. Denn was heißt allezeit? und was heißt allenthalben? und was heißt von Allen? — Hat Gott niemals zugelassen, daß die heilige Ueberlieferung in einzelnen Punkten, zu gewissen Zeiten, und schon gar an gewissen Orten Schwächungen oder

Verdunkelungen erlitten hat? Sind die Schafe, sind die Hirten
alle, allezeit, an allen Orten treu geblieben? — Und wohin
würde die Frage, die Unterfuchung darüber führen? Würde
nicht die Antwort, was der Versucher eben will, statt in die
Hände der Kirche, geradezu in die Hände der Wissenschaft ge=
legt werden? — Und hat nicht jeder einfache Christ, ohne ge=
lehrte und kirchenhistorische Studien ein Recht, die kirchliche
Unfehlbarkeit aufzusuchen und zu finden? — Eine übernatür=
liche Frage an die Wissenschaft weisen, heißt sie an den Men=
schen weisen, denn die Wissenschaft ist des Menschen. Damit
ist Alles gesagt. — So überzeugend das Argument von der
Uebereinstimmung aller Kirchen für die Katholicität einer Lehre
vor der einfachen Klarheit der gläubigen Vernunft sich dar=
stellt, so bietet es sich im Dunkel der Versuchung zu zwei=
schneidigem Gebrauche. Denn in der Nacht werden alle Ge=
stalten zu Gespenstern, und es ist nicht gut, in solcher Stunde
operiren.

Aber die Unfehlbarkeit war immer da, und dem Glauben
zugänglich. Seit den Tagen der Apostelschüler ist gelehrt
worden, daß alle Kirchen mit dem Glauben der römischen
Kirche „propter potiorem ejus principalitatem" überein=
stimmen müffen. In allen großen Fragen und aufgeworfenen
Streitigkeiten haben die Lehrer und Hörer der Kirche nach
Rom geblickt, und die Stimme von daher genügte Allen, die in
der Kirche verharren wollten. Die Leute seit dem sechzehnten
Jahrhundert hatten keine andere Uebung und Ueberlieferung
vorgefunden. Aber viele von ihnen wichen vor der einfachsten
Lösung einer nothwendigen Frage zurück, weil sie überhaupt
keine Lösung wollten. Je weiter jede kirchliche Glaubensent=
scheidung in die Ferne gerückt war, desto erwünschter für Die=
jenigen, welche überhaupt die Demuth des Glaubens verloren
hatten. Das war im Allgemeinen, und schon seit Langem her,
die Krankheit der damaligen und folgenden Geschlechter. Sie

hat die Vorläufer des großen Abfalls im vierzehnten und fünf=
zehnten Jahrhundert hervorgebracht, sie hat ihre Symptome
auch auf den Concilien zu Constanz und Basel der Welt vor
Augen gelegt, sie war der große Abfall selbst, sie war aus
der durch eben jenen Abfall gereinigten und durch das Concil
von Trient gebesserten Kirchengemeinschaft noch nicht völlig
entwichen. Ihr gegenwärtiger Ausdruck war die Unfehlbar=
keitsscheu, welche den Papst nur nannte, aber überhaupt die
Kirche meinte. Das ist so geblieben bis in's neunzehnte Jahr=
hundert. Zu einer solchen Verfassung gewisser Geister gesellte
sich damals der ganz besondere und die Krankheit exasperirende
Umstand einer Parteinahme der Potentaten. Zuerst allerdings
ganz vorzüglich und beinahe noch ausschließend in Frankreich.
Denn dieses Land scheint das traurige Geschick zu haben, fast
in allen gesellschaftlichen Irrthümern, denen das arme Europa
verfallen soll, den Reigen führen, und deren Erfahrungen an
seinem eigenen Leibe vor allen anderen, und bisher mehr als
alle anderen, durchprobiren zu müssen. Zu jenen Zeiten wurde
Das, was man heut zu Tage unter einem Staat versteht,
zuerst bekannt und auch genannt. Die vorausgegangenen
Geschlechter sprachen von Reichen oder Republiken, lebendigen
Fürsten oder Senaten. Der abstracte Staatsbegriff war zum
Theil aus dem Alterthum herübergeholt, zum Theil aus den
damaligen Weltverhältnissen auch zum ersten Male erwachsen.
Die höchste Vorstellung von Macht und Autorität auf Erden
war für die alte Christenheit die Kirche. Alle christlichen
Reiche wurden als innerhalb derselben bestehend angesehen,
und ihre höchst verehrten Ordnungen galten als Anwendungen
der von der Kirche verkündigten göttlichen Ordnung auf alle
irdischen Verhältnisse und die besonderen Völkerlagen. In den
nunmehrigen Tagen aber war die Kirche für die Getrennten
verloren, und auf der andern Seite hatten Viele, mit der
Wärme der Liebe, auch an vollständiger Erkenntniß der Wahr=

heit abgenommen. Denn Licht und Wärme gehen nur darum auch in der Natur gewöhnlich zusammen, weil die Natur in Allem der Ausdruck eines höheren Lebens ist. Es ist nun in dem Leben der Menschheit eine regelmäßige Erscheinung, daß alle Macht und Autorität, die einer erhabeneren Idee entgeht, einer minder hoch gestimmten zuwächst. Wie unvermerkt setzte sich, für viele Menschen, die neue Staatsidee auf den höchsten Gipfel der menschlichen Vorstellungen. Eine solche Position suchte dieselbe von nun an theils zu behaupten, theils immer fester zu begründen, und die alte Eifersucht der weltlichen Ge= walt gegen die geistliche trat in ein neues, höchst bedenkliches Stadium. Es herrschte aber zu dieser Zeit in Frankreich ein Herr „von gar königlichem Sinne", wie Einer hundert Jahre früher von dem englischen Heinrich VIII. gesagt hatte. Nicht als ob wir Ludwig XIV. mit Heinrich VIII. auf Eine Linie stellen wollten; Jener hat das katholische Bewußtsein doch nie= mals verloren, und wir dürfen hoffen, daß er gewürdiget worden ist, aus vielen und großen Verirrungen und Aus= schreitungen den Weg wahrer Umkehr und Buße zu finden. Aber die Tage seines Uebermuths waren böse. Die zwei= schneidige neue Staatsidee konnte er gefahrlos für sich auf= nehmen, denn er war stark genug, sie in sich zu concentriren, und, wie er auch gesagt hat, in seiner Person darzustellen. Dieser völlig zur Person gewordene Staat fühlte jetzt auch eine ganz persönliche Eifersucht gegen die höchste Person in der Kirche. Daß die Kirche niemals ganz Person werden könne, schien er nicht zu erfassen oder zu berücksichtigen. Er berief aus der großen Zahl französischer Bischöfe sechsundfünfzig Prälaten nach seiner Wahl zu einer Versammlung, angeblich um die Ueberlieferungen der französischen Kirche zu formu= liren und zu wahren, in der That aber, um Lehrmeinungen als Grundsätze aufzustellen, welche, ohne ein offenbares Schisma zu verkündigen, das Ansehen des obersten Hirten

unter das minbeſt Nothwendige zu reduciren, und eine ganz
exceptionelle Stellung der franzöſiſchen Kirche zu begründen
geeignet waren. So entſtand die berufene Declaration von
1682 mit ihren vier Artikeln, darunter mit einer förmlichen
Ablehnung der unfehlbaren Autorität des allein ſprechenden
römiſchen Papſtes. Die Verſammlung war ohne alle kirch=
liche Form, auch ohne die eines National= oder Provinzial=
concils. Sie fand für ihre Aufſtellungen in älteren Aeuße=
rungen franzöſiſcher Prälaten oder Theologen einige Anhalts=
punkte, aber erſtens ging ſie weit darüber hinaus, zweitens
waren mehrfache perſönliche Meinungen noch lange keine all=
gemeine und conſtante Tradition der franzöſiſchen Kirche, und
brittens konnte auch die Tradition einer Einzelkirche nicht maß=
gebend für die katholiſche Lehre ſein. Aber ein großer Mann
von ungemeinen Verdienſten um die Kirche und entſprechendem
Anſehen ging leider auf die Abſichten des Königs ein; er
glaubte denſelben der Kirche geneigter, den Papſt aber im All=
gemeinen liebenswürdiger zu machen, wenn er deſſen Autorität
beſchränkter darſtellte.

Es war dieß der erſte, mit voller Oeffentlichkeit und im
Angeſicht der Kirche, von Seite einer Anzahl von Biſchöfen
vorgebrachte Widerſpruch gegen die, obgleich noch nicht dog=
matiſch definirte, aber von der geſammten Kirche immer feſt=
gehaltene Ueberlieferung von dem untrüglichen und inappellablen
Richterſpruche des heiligen Stuhles in Sachen des Glaubens
und der Sitten. Denn dieſe Seite der Erklärungen war die
markanteſte, und ſoll uns hier allein beſchäftigen. Der Ein=
druck war der Unerhörtheit der Sache gemäß. Univerſitäten,
Biſchöfe und Provinzialconcilien erhoben ſich in verſchiedenen
Ländern, die Neuerung zu verurtheilen; zu den ſchärfſten
Stimmen unter den letzten zählte das von ſeinem Primas
präſidirte Nationalconcilium des damals noch in voller Ueber=
einſtimmung mit der allgemeinen Tradition beharrenden un=

garifchen Klerus. Von Seiten des römischen Stuhls erfolgte
eine unmittelbare Protestation, nachmals eine förmliche Ver-
urtheilung der in Frankreich aufgestellten Grundsätze. Mehrere
Theilnehmer jener Versammlung, — die von dem Könige un-
erwartet und formlos, wie zusammenberufen, so wieder aus-
einandergeschickt worden war — hatten dem Papste ihr Be-
dauern über das Geschehene ausgedrückt, allen Theilnehmern
verweigerte der Papst seine Bestätigungsbullen für weitere
bischöfliche Sitze, zu welchen sie etwa ernannt worden waren,
der König selbst sah sich immer mehr in gehäufter Verlegen-
heit, und wohl auch von seinem Gewissen gedrängt, machte er
dem Papste die Erklärung, daß er seinen Verordnungen in
dieser Sache keine Folge zu geben beabsichtige. Das kam
einem vollständigen Widerrufe des Veranlaßten gleich, und
man durfte auf die Wiederkehr des Friedens in der französischen Kirche hoffen.

Aber nach dem Tode Ludwig's XIV. boten die verhäng-
nißvollen Zeiten der Regentschaft und Ludwig's XV., jene Tage
der aussterbenden Sitte und der reifenden Revolution, auf
vielen Seiten viele Gelegenheit, auf das Geschehene zurückzukommen. Der Parlamentarismus, der, ohne ungläubig zu sein,
wenigstens bevor er in die Tiefe kam, als letzter Enkel der
hohenstaufischen römischen Legisten, allezeit kirchenwidrig gewesen war, und die Spitze der Kirche in dem römischen Stuhle
ganz besonders befeindet hatte, fand in den protokollirten
königlichen Verordnungen eine niedergelegte Waffe, die er nicht
ungebraucht ruhen zu lassen entschlossen war. Eine besondere
Gelegenheit bot ein neues, schon vor Ludwig XIV. zuerst in
Frankreich aufgekommenes, unter dessen langer Regierung, trotz
des königlichen Widerstandes, erstarktes Unheil, die Irrlehre
der Jansenisten. Neu an der Sache war eigentlich weniger
die Lehre, denn sie war von den calvinischen Aufstellungen
kaum zu unterscheiden, als die Politik ihrer Anhänger, mittelst

welcher sie, unter andern durch allerlei Distinctionen und Subdistinctionen, wenigstens auf lange Zeit, einen äußeren Zusammenhang mit der Kirche zu behaupten suchten, deren Urtheilssprüche sie verachteten und eludirten. Der römische Stuhl hatte fünf in ihrem Hauptbuche vorgetragene Sätze verurtheilt. Um sich nicht in äußeren Widerspruch mit der allgemeinen Kirche zu setzen, machten nun die Jansenisten die berühmte Unterscheidung zwischen dem Recht und der That= sache; sie gaben die Unantastbarkeit des Urtheils in der Rechts= frage zu, und läugneten dessen Anwendbarkeit auf den schwe= benden Fall, das heißt, sie stimmten zu, daß die vom Papste verurtheilten Lehren, in dem Sinne, wie er sie verurtheilt habe, wirklich ketzerisch seien, aber sie stellten in Abrede, daß sie, gerade in diesem Sinne, in den fünf Sätzen enthalten wären. Daß dieser letzte Gegenhalt eine unwürdige und un= redliche, jede kirchliche Autorität illusorisch machende Ausflucht darstelle, ist dem einfachen Auge klar. Denn er kann jedem bischöflichen und päpstlichen Ausspruche, jedem besonderen oder allgemeinen Concilium, auch der Einmüthigkeit aller Kirchen immer wieder entgegengebracht werden, und trifft eigentlich ganz anders wohin, als wovon eigentlich die Rede war. Der Papst hatte nicht die innersten Herzensgedanken des (ver= storbenen) Verfassers jenes Buches verurtheilt, sondern den deutlichen Inhalt seiner Rede; auf einen klaren Wortlaut aber muß ein Verlaß sein, sonst hört alle Rede auf. Dieser ganze Zwischenwurf einer Frage nach unauffindbaren Thatsachen war übrigens für die Einredenden subjectiv und höchstpersönlich; jeder objectiven Anwendung entbehrte der Einwand schon aus dem gedachten Grunde, weil er allezeit und gegen alle Seiten wieder vorgebracht werden, und, worauf er eben angelegt war, jeder Autorität entschlüpfen konnte. Es ist aber vielleicht nicht allemal in hinreichende Erwägung gezogen worden, welches un=

geheure Zeugniß, gerade durch diese Gebarung, der Unfehl=
barkeit des römischen Stuhles aus unfreiwilligem janseniftischem
Munde gegeben wurde. Denn der eigentliche Gegenstand der
kirchlichen Unfehlbarkeit bleibt immer die Rechtsfrage: „Was
ift gesunde Lehre, und was ift es nicht?" — Am liebsten und
am dienlichsten für ihre Zwecke hätten die Jansenisten die Un=
fehlbarkeit in diesem Sinne in Abrede gestellt; aber sie wagten
es nicht. Denn das allgemeine Bewußtsein der Kirche war
ihnen zu mächtig. Die Rechtsfrage war aber in dem liegen=
den Falle weder von einem allgemeinen Concilium, noch durch
eine Uebereinftimmung aller Kirchen, sondern vom Papfte ent=
schieden worden. Das allgemeine Bewußtsein von der kirch=
lichen Unfehlbarkeit war also auch in diesem Sinne überwäl=
tigend genug, um den klugen Parteihäuptern jeden offenen
Conflict zu widerrathen.

Eben dieses Bewußtsein zu schwächen, zu trüben, und in
den Ueberzeugungen der Einzelnen zu erschüttern, war die
Arbeit der nächstfolgenden bösen Tage, und nicht allein in
Frankreich. Die um sich greifende Widersage gegen die Auto=
rität der Kirche beschränkte sich auch bei Weitem nicht auf die
Lehre von der Unfehlbarkeit des Papftes. Auf diesen Punkt
wurde von den Seiten, wo man noch theologifiren wollte, nur
aus zwei Gründen besonders losgeschlagen, einmal, weil bei
dem Abgange einer ausgesprochenen dogmatischen Definition
der Angriff vor der Menge der Halbkatholiken noch erträg=
licher schien, und dann ganz besonders, weil es zweckmäßig
war, das Urtheil der Autorität an jener Stelle zu verdäch=
tigen, wo es am leichteften zu holen war. So ward eine
Frage in den theologischen, und aus diesem in den profanen
Streit gezogen, welche der zweifellofe Glaube der früheren
Jahrhunderte in völliger Ruhe gelassen hatte. Unter den
Wissenschaftlichen machten die Gegner alle Anftrengungen, die
Sicherheit der Tradition zu entkräften, und Das, was ununter=

brochen geschehen und für richtig gehalten worden war, als
vereinzelte Ereignisse oder Meinungen darzustellen; es fehlte
aber auch nicht an gründlichen und mit allem gelehrten Rüst=
zeug wohlbewehrten Verfechtern der ständigen Ueberlieferung.
Die Profanen führten den Streit nach weltlichen Anschau=
ungen und Gesinnungen, und diese, wie alle großen Fragen,
war besonders dem Schöngeist preisgegeben. Denn der Proceß
der Entchristlichung der europäischen Geschlechter hatte bereits
begonnen; jener Proceß, den wir neben uns bis zu einem
höchsten Grad der Völkerfäulniß und der Gesellschaftszersetzung
fortgerückt erblicken, und von dem wir hoffen, daß er dem
letzten Stadium nahe gekommen ist, welches Gott zulassen
wird. Die Natur hatte sich schon damals in ihre Verständ=
nisse und Genüsse bequem gesetzt, und sie scheute zurück von
allen übernatürlichen Gedanken und Geboten. Das Erden=
leben suchte sie auf allen Seiten wissenschaftlich zu construiren,
die Welt= und Gesellschaftsinstitutionen auf irdischer Base
festzustellen, und die ewigen Worte, in denen sie ausgesprochen
waren, in's Zeitliche zu übersetzen. Die Staaten selber wur=
den in die neue Lehre als eifrige Zuhörer und endlich Mit=
prediger hineingezogen; sie verzichteten auf ihre höchste Würde
und ihr göttliches Recht, und hielten sich als Mandatare des
Volkswillens und Lehenträger ihrer Unterthanenschaft besser
bestellt, denn ihr Bestand war damit höchst natürlich erklärt.
Die Natur aber, wo sie sich der Uebernatur nicht unterwirft,
wird allemal ihr Feind. Und so begann die neue Verfolgung
des Christenthums, von geistig und materiell Gewaltigen, von
Gelehrten und Potentaten, Naturgeistern und Naturmächten,
mitten unter christlichen Bevölkerungen. Wie aber die alten
Imperatoren immer unter den ersten nach dem Bischofe von
Rom gegriffen hatten, um ihn den Henkersknechten zu über=
liefern, denn diese Heidengeister verstanden wohl, wo das Herz

sei, in welchem man die Glieder treffen müsse, so erhob sich auch die gegenwärtige Verfolgung in aller Art von Ungerechtigkeit und Unanständigkeit wider die lebendige Spitze der Kirche, und noch oder schon im vorigen Jahrhundert klagte ein Papst, daß er von protestantischen Fürsten und Kabineten in aller Weise respectvoller behandelt werde, als von katholischen. Unter solchen Gemüthsverfassungen der maßgebenden Potenzen schien diesen die fortwährend behandelte Frage von der päpstlichen Unfehlbarkeit wie ein eitles Schulgezänke zu verlaufen, das Jene verachteten, weil sie weiter hinaus wollten, als die Vorgerücktesten der Widersacher, und aus welchem sie höchstens die negativen Stimmen heraushörten, die sich, wie gewöhnlich, schreiender, und ihnen erwünschter vernehmen ließen. Eine solche tönte besonders, aus bischöflichem Munde, in Deutschland. Auch dieser Angriff ging weit über das Lehramt und bis in alle Regungen des Hirtenamtes des römischen Stuhls. Eigentlich war damit nur theoretisch ausgedrückt und grundsätzlich festgestellt, was lange die Praxis katholischer Regierungen war, so wie der gefundene Grundsatz dazu diente, die Praxis zu stärken und zu vervielfältigen. Dabei blieb es, auch nachdem, von Febronius selbst, eine Art von Widerruf ergangen war.

Und das Unheil, was im Zuge war, verfolgte seinen Lauf. Die drei geistlichen Kurfürsten des heiligen römischen Reiches deutscher Nation (es waren die letzten), und der Erzbischof von Salzburg (es war der letzte Landesherr) thaten ihre Abgeordneten nach dem Badeorte Ems zu einer geistlichen Verhandlung zusammen. Im Badesale des Curortes tagte das neue Concil. Diese Emser Compactaten waren wohl das Aeußerste, was jemals dem römischen Stuhle von Seite noch nicht abgefallener Bischöfe entgegengebracht worden war. Ihr Eindruck übertraf lange den der Declaration von 1682, sowohl dadurch, daß die handelnden Bischöfe völlig

spontan vorzugehen schienen, als in der Tragweite der Fest=
setzungen selbst. Denn die Deputirten hatten eine völlig neue
Kirchenordnung und selbst Kirchenverfassung mitgebracht, welche,
wenn sie zur Geltung gekommen wäre, das Schisma der deut=
schen Kirche ausgesprochen hätte. Aber wie günstig immer
Zeit und Landesverhältnisse für solche Bestrebungen liegen
mochten, so verhinderte der Arm, der den menschlichen An=
schlägen das „Bis hieher und nicht weiter" vorzeichnet, die
übelsten Folgen. Das Scheitern dieser wohlcombinirten An=
gelegenheit unter den damaligen Umständen gehört wirklich
zu den merkwürdigsten Erscheinungen in der Kirchengeschichte.
Der Kaiser — und welcher Kaiser! — auf dessen Unter=
stützung die Compactirenden am meisten gerechnet hatten,
Kaiser Joseph II. heischte vor weiteren Schritten eine Zu=
stimmung aller deutschen Bischöfe zu den Beschlüssen der Erz=
bischöfe; diese letztere erfolgte aber keineswegs, und namentlich
hatte der Bischof von Speier einen entschiedenen Widerspruch
eingesendet; der Münchener Hof hatte besondere Gründe, die
Gerechtsame des eigens für sich erbetenen Nuntius aufrecht
zu halten; der Kurfürst von Trier setzte sich alsobald wieder
mit dem Papst auf den richtigen Fuß; der Mainzer erklärte
sich, es wenigstens interimistisch bei der bisherigen Praxis be=
lassen zu wollen; endlich richteten die einzelnen Prälaten be=
sondere Schreiben an den Papst, worin sie ihr sehnliches Ver=
langen nach Beilegung der eingetretenen Irrungen ausdrückten,
auch die vorzüglich bestrittenen obersten Primatialrechte aner=
kannten. Der Papst antwortete in einer festen und ausführ=
lichen Erklärung und Begründung des päpstlichen Rechts. So
war dieser Declaration von 1786, eben so bald als jener von
1682, wenigstens die nächste praktische Bedeutung entzogen,
und die hereinbrechenden Verhängnisse richteten die Aufmerk=
samkeit der Welt bald auf andere, aber dem bisherigen Kampfe
der Geister keineswegs fremde Gegenstände.

Denn die Erde hatte ihre Frucht getragen, und die Grundsätze von 1789 hatten das Gebäude, woran die Bestrebungen des Jahrhunderts so lange gearbeitet, den Einen zum Jubel, den Anderen zur Ueberraschung, mit einem entsprechenden, weitaus sichtbaren Giebel gekrönt. Die Worte der Grundsätze waren rund und nett, und Jedermann wußte mit Einem Male Alles. Und indem die Revolutionäre mit dem alten „Glaube oder stirb" den neuen Islamismus durch die Welt führten, erwehrten sich die Anderen umsonst der Consequenzen von Sätzen und Anschauungen, die sie selber in sich aufgenommen hatten. Darüber ertranken die Völker in Blut, und der Boden der Erde war mit den Splittern zerbrochener Thronstühle bedeckt. Als aber der letzte Knecht, welchen der Zorn Gottes zur Züchtigung der Völker und Fürsten als kaiserlichen Büttel ausgesendet, wieder beseitiget war, da legte man sich allerseits neuerdings zur Ruhe, und es schien alsobald, als wollte man das unterbrochene alte Thun von Neuem anfangen. Es war aber doch nicht mehr ganz das alte Thun.

Von den großen Jahren 1813—15 soll Niemand gering sprechen. Es waren nicht bloß siegreiche, es waren auch segensreiche Jahre, denn Fürsten und Völker waren des Segens empfänglich geworden, weil sie in der Tiefe ihrer Trübsal den Herrn erkannt, und zu ihm gerufen hatten. Aber die Früchte des Segens ruhten nicht nachhaltig auf den Früchten des Sieges. Denn Diejenigen, denen vorgeworfen wurde, daß sie Nichts gelernt und Nichts vergessen hätten, hatten nur allzubald die Noth und die Hülfe vergessen. Und zwar nicht bloß ein einziges Haus oder Geschlecht. Die Beraubten waren vor Allem bedacht, das Entrissene nach dem Hinterpförtchenrecht wieder in ihr Haus zu tragen, und daran war kein Tadel; sie errafften aber zugleich oder behielten fast Jeder ein Stück von dem Kirchenraube, denn für die Kirche sollte kein

Hinterpförtchenrecht gelten, und das war nicht nur böse, son=
dern bedeutete noch viel Böseres. Die Gedanken des weltbe=
herrschenden Fleisches hatten sich wieder verkehrt, neue Straßen
der Ungebühr begannen sich zu eröffnen, es war vorauszusehen,
was sie auf denselben Alles thun und leiden, und daß die
letzten Zustände ärger sein würden, als die ersten. Nicht als
ob Gedanken des Geistes nicht auf manchen Seiten eine Zeit
lang durchgeblitzt hätten. In ihrer Unklarheit, Unzulänglich=
keit und Undurchführbarkeit erscheint dennoch die heilige Allianz
nach ihrem ersten Instinct als ein solcher. Sie hätte nicht so
sehr den Ingrimm aller unholden Geister erregt, wenn sie Das
nicht gewesen wäre; aber die Unholde hätten sich zufrieden
geben können; so wie sie war, konnte sie ihnen nicht schaden.
Auch andere rechte Gedanken wußten dieselben in den Häup=
tern der Fürsten zu verschieben, und, für sie unschädlich, gleich=
sam magnetisch abzuleiten.

Aber nach dem Verbrausen der Waffenschlachten war
die alte Geisterschlacht wieder in Action, und diese nicht all=
seitig nach der alten Taktik. Derjenigen, die alles Rechte ge=
lernt, und alles Unrechte vergessen hatten, waren allerdings
Wenige. Schon größer war die Zahl von Solchen, welchen die
Erkenntniß aufgegangen war, daß alles Wohl und Wehe der
Welt von der Entscheidung jener Geisterschlacht abhänge, und
daß alle Krieger und Staatsmänner der Erde nur Handlanger
oder Werkzeuge, Degen oder Federn sind, das Gesetz des
Siegers in den höheren Regionen für die niederen durchzu=
kämpfen oder niederzuschreiben. Es war auch zu sehen, daß
der Kampf sich um den rechten Mittelpunkt herumzuziehen den
Anlauf nahm, wenn gleich ein beträchtlicher Theil der Zeitge=
nossen, wohl wissend, was sie thaten, ihn von dorther abzu=
rufen, und an der Peripherie zu halten beschäftigt war. Solche
peripherische Kämpfe waren die alsobald engagirten, und mit
den zahlreichsten Schaaren und lautestem Getöse geführten

politischen. Ein Kenner der Welt und der Zeit hat schon früh=
zeitig gesagt, die politischen Fragen seien nur verkappte reli=
giöse, und Nichts ist wahrer als dieses Wort. Man hat die
Gesellschaft zuerst an ihrer leiblichen Außenseite angegriffen,
bewußt oder unbewußt. Die Bewußten wollten vom Anfange
tiefer gehen; sie erkannten, daß der geschädigte Außenleib auch
im innersten Gemüthe als Schaden empfunden, und daß der
gelähmte oder gewonnene Arm zur Vertheidigung des Herzens
untauglich wird. Die Menge der Unbewußten oder Minder=
bewußten, welche in politischer Unbändigkeit lehrten oder han=
delten, machten die Geschäfte der Andern, weil alle Ideen
solidarisch sind, weil die ungesunde Staatslehre einen tieferen
Schaden des Lebens voraussetzt und nährt, und dieses aus=
wendige Getriebe die Blicke von den höchsten Gegenständen
des Kampfes und des Preises ablenkte. Aber nicht Alle
ließen sich ablenken.

Die große Frage um die Religion, welche das vorab=
gegangene Jahrhundert wenigstens in öffentlicher und allgemein-
literarischer oder philosophischer Rede kaum anders als ver=
neinend anzutippen gewagt hatte, trat freilich nicht in der
Majorität der Generation — denn die Majoritäten taugen
niemals Etwas — aber doch in beträchtlichen und bedeutenden
Kreisen wieder in den Vordergrund. Und zwar lautete sie jetzt
nicht: „Christenthum oder nicht,“ sondern: „Katholische Kirche
oder nicht!“ Bis zu solcher Höhe waren die Gedanken über
das Niveau der vorsündfluthigen Zeit — denn die Grundsätze
von 1789 mit ihren Folgen bis 1815 waren die europäische
Sündfluth geworden — in Deutschland sowohl wie Frankreich,
den beiden Hauptländern des geistigen Kriegsschauplatzes ge=
wachsen. Und die Streiter für die göttliche Ordnung und das
ewige Haus gingen, zum Erstaunen der Welt, nicht mehr aus=
schließend aus den gewohnten Reihen hervor. Es waren die
Ritter der Heeresschlachten und die Edlen des Volks, es waren

die Senatoren der Curie, es waren die Meister der profanen
Wissenschaften, vieler oder aller zumal, welche ihre Lanzen
einlegten, dießmal nicht in Vertheidigung der Güter ihres
Volks oder der gewonnenen wissenschaftlichen Erkenntnisse, son=
dern des ewigen Besitzes der Menschheit und der obersten
Wahrheit. Man sah ein Geschlecht von irdischen und geistigen
Größen als demüthige Hörer und offene Bekenner des Wortes
der Kirche. Das konnten die Söhne der Enchklopädisten und
Jakobiner freilich nicht vertragen; aber lassen wir sie noch.
Es war wirklich eine schönere Zeit, die zunächst nach den
großen Unwettern gekommen. Viele hofften, der Himmel würde
sich vollends klären, und dauerhafter Segen die gebesserten
Geschlechter trösten. Menschen, die ihr Wohlwollen glücklich
machte, hegten solche Erwartungen; die Stärkeren und Weiter=
schauenden rechneten und bereiteten sich auf fortgesetzte und
erhitztere Kämpfe. Unter den Helden jener Tage wird es
billig sein, zweier Männer besonders zu gedenken, weil sich
beiden ein streitbares Gefolge auf die Dauer anschloß; jener
beiden, die einmal Einer das Licht und die Wärme der da=
maligen Erkenntniß genannt hat, eine Bezeichnung, die doch
wieder beiden Unrecht thut. Denn mit den strahlenden Lich=
tern de Maistre's fuhr eben so reiche strahlende Wärme aus,
und aus dem liebeheißen Herzen Stolberg's ging auch milde,
herzgewinnende Erleuchtung für Viele hervor. Wer aber zählte
die Edlen alle, die mit hochgehobenen und unbemakelten Schil=
den an dem erhabenen Kampfe sich betheiligten? — Aber so
schön ein also geführter Kampf war, und so sehr die Wohl=
gesinnten darauf vertrauten, so vertrauten sie doch zu viel.
Denn der Kampf kann wohl das Leben schirmen, aber es er=
wächst nicht aus dem Kampfe, und es ist ein crasser, aber
oft gehegter Irrthum, das zu glauben. Darum Ehre und ein
dankbares Angedenken allen Rittern der Kirche, aber das
Wesentliche muß die Kirche selbst thun.

Und ihr Meister gewährte ihr die That, und ebnete ihr die Wege. Die Wege waren die gewöhnlichen, welche zur Erhöhung der Kirche führen, die der Befeindung, Unterdrückung und Verfolgung. Es gab nämlich Regionen, wo man nicht kämpfen, sondern erdrücken und zermalmen wollte. Die schweren Gewalten hielten sich ihres Sieges versichert, denn sie fanden keine Vorstellung, wie Etwas der Wucht widerstehen könne, deren sie sich bewußt waren. Daneben verfügten sie noch über eine Macht, die ihnen geistig dünkte, und das war die Schlauheit; Gewalt und Schlauheit, glaubten sie, müßten die Welt besitzen, und Allem, was ihnen widrig wäre, ein Ende machen. Die Mächtigen waren von den heilsamen Gedanken, die sie in den Tagen der Noth mit den Anderen ergriffen, am frühesten zurückgekommen. Das war freilich menschlich, aber man ging weit darin. Nachdem man den Dränger von Oben losgeworden, übernahm man das Geschäft des Dranges selber gegen Alles, was nicht völlig zu Willen war. Die katholische Kirche konnte das nicht. Die allezeit Demüthige, unter jede Gewalt um Gottes willen Unterwürfige, mußte sich allein das Feld des Gewissens vorbehalten; das war ihr Verbrechen. Wohl noch ein größeres, daß sie überhaupt im Namen Gottes sprach und existirte. So erfolgte eine Jahrzehnte lange Hetze gegen die Blüthe, den Bedarf und die Existenz der Kirche. Mit gewöhnlicher Vernunft erwogen ist das kaum begreiflich; wer aber die Tiefen der Menschheit kennt, begreift es wohl. — Was sollen wir wiederholen, was wir selbst erlebt und gesehen haben im Norden und Süden, Westen oder Osten? Denn alles Fleisch hatte abermals seine Wege verkehrt, und die Kirche hatte nicht, wo sie ihr Haupt hinlegen konnte.

Aber der Schmerz kam ihr nicht allein von Bedrückern und Betrügern. Aus dem Boden des Hochmuths und der Sinnenlust waren die bösen Dünste aufgestiegen und lagerten sich über den Generationen wie ein giftiger Heerrauch von

Lehrmeinungen, alle darnach geartet, ihren Ursprung zu rechtfertigen, und sich selber als das Sublimat jeder Wahrheit und Erkenntniß vorzustellen. Neue Formen des alten Irr= thums, wahre monstra et portenta opinionum, wollten die Welt ersäufen, vordringlicher, unverholener, unverschämter, als zu irgend einer andern Zeit. Sie waren bis zur Läugnung jeder, auch natürlichen Rechts= und Wahrheitserkenntniß vor= geschritten, denn es gibt keine solche, die nicht mit der über= natürlichen in Verbindung stünde, und als auf ihrem letzten Grund darauf beruhte. Daneben war es auch geschehen, daß wohlwollende, aber kurzsichtige Katholiken, indem sie dem Feinde zu wehren und die Hinterlage des Glaubens sicher zu stellen bemüht waren, die übernatürliche Wahrheit durch deren Aufbau auf rein natürlicher Grundlage zugänglicher machen und vor Gefährdung schützen wollten. Es war, wie wenn Bossuet den Papst dadurch liebenswürdiger zu machen ver= meinte, daß er seine Autorität herabminderte.

Alle diese Irrthümer, und die übel intendirten besonders, wuchsen unter sich und mit den Heischungen und Voraussetzun= gen der Zeit= und Weltlage zu einem Ideenknäul zusammen, den man „moderne Civilisation" nannte. Das Wort ist kaum mehr in gutem Sinne verwendbar, besonders nachdem es so oft und so gerne, in gewissem kaiserlichem Munde, zum Aus= drucke der eigenen Ideale des Sprechenden gebraucht wurde. Vorhanden aber war diese Civilisation in der That, und ihre geistigen Pfeiler, oder was sie wenigstens als solche ausgab, waren die irrigen Lehrmeinungen.

Diese also riefen das Schwert der Kirche vor Allem her= aus, und die Kirche gebrauchte es. Sie gebrauchte es durch den Mund ihres obersten Leiters und Lehrers. Es gäbe ein merkwürdiges und trostreiches Stück Kirchengeschichte, sollte die Aufnahme der päpstlichen Urtheilssprüche in der katholischen Welt seit den letzten Jahrzehnten im Einzelnen verzeichnet

werden. Man darf sagen, daß die Unterwerfung in der Ge=
sammtkirche, die sich hierin eben wieder als das Volk Gottes
darstellte, eine vollständige war. Auch das gallicanische Frank=
reich, mit seinen verbogenen Theorien, blieb in der Praxis
gerade und aufrichtig, und empfing ehrfurchtsvoll jeden Spruch
aus dem Munde der Wahrheit. Katholische Schriftsteller,
deren Sätze verurtheilt worden waren, unterwarfen sich und
ihre Schriften in unbedingtem Gehorsam dem Oberhaupte der
Kirche. Das war Alles, wie es sein mußte, und nach der
alten katholischen Regel. Wenn daneben einige abgedorrte
Schößlinge an dem Baume der Kirche bei solchen Veranlassungen
vollends abbrachen, so war das auch zu andern Zeiten eben so
gewesen, und es gilt hier vor Allem, was Graf Maistre in
einer anderen Beziehung gesagt hat: „Un cèdre du Liban ne
s'appauvrit point, il s'embellit, en secouant une feuille
morte."

Aber der heilige Stuhl war noch weiter herausgefordert.
Die praktischen Irrthümer der Zeit konnten nicht ausschließend
nur die Sitten der Einzelnen betreffen. Denn wenn der
Mensch das Verständniß seiner Natur und Bedingung verloren
hat, und sich Stellung und Bestimmung selber wählen will,
so kann es nicht anders kommen, als daß auch die Menschen=
menge um das Bewußtsein ihrer Aufgaben und Nothwendig=
keiten gebracht werden wird, und mit sich selber Nichts mehr
anzufangen weiß. Damit ist eben die Gesellschaft zerrüttet,
und diese Zerrüttung spricht sich in den ungeheuerlichsten Mei=
nungen und Versuchen in Betreff desjenigen, was sein soll, und
wie es zu Stande kommen soll, aus. Solche Meinungen und
Versuche sind nun eben dasjenige, was wir mit einem kurzen
Worte Revolution nennen, und sie waren in der christlichen
Gesellschaft gewissermaßen neu, weil in der geordneten Welt,
wie in einem wohlbeschaffenen Leibe, weder von besonderen
Ansichten der Glieder über ihre eigenen und der Nebenglieder

Bestimmungen und Rechte, noch von Aenderung der Leibes=
conftitution, noch von allen den Dingen, die damit zusammen=
hängen, die Rede sein konnte. Jetzt aber bewegten sich um
diese Dinge eben jene politischen Kämpfe, deren wir mehrfach
gedacht haben, und deren aufgeworfene Staubwirbel den Ge=
schlechtern verbargen, daß die Angreifenden noch ein tieferes
Ziel, als die alte Staatsordnung im Auge hatten. Das ober=
flächliche und nächste Ziel aber, das heißt, die Verkehrung
desselben, hatten die Angreifer, in so ferne sie überall Sieger
wurden, in Bälde erreicht, und es wurde daraus der mit der
Revolution in Verhältniß gesetzte und von ihr durchdrungene
Staat, oder mit kürzestem Ausdruck, der liberale Staat. Es
kann nun der Staatsformen sehr viele und mannigfaltige geben,
deren jede nach Zeit und Umständen gut und rechtmäßig,
darum auch zweckmäßig, und dem Volke heilsam sein kann. Es
gibt aber auch solche, die das niemals sein können, weil sie
sich mit der Natur des Menschen und den ewigen Bedingungen
der Gesellschaft in Widerspruch gesetzt haben, und eine von
diesen ist der revolutionäre oder liberale Staat. Die Theorie
einer solchen Staatsform ist also ein gesellschaftlicher Irrthum,
deren Verwirklichung ein gesellschaftliches Unrecht, oder vor
der Kirche eine Sünde. Es war aber bisher noch kaum vor=
gekommen, daß die Kirche mit solcher Bestimmtheit zur Ver=
urtheilung öffentlicher, das heißt hier staatsrechtlicher Irr=
thümer und Sünden aufgefordert worden war. Und sie konnte
sich dem Richterspruche nicht entziehen. „Mir ist gegeben alle
Gewalt im Himmel und auf Erden;" also nicht bloß Gewalt
über die Privatpersonen, ihre Grundsätze und Handlungen,
auch Gewalt über die Staaten, ihre Gesetze und Gebarungen.

Und die richtende Kirche war wiederum der Papst. Die
Hauptgedanken des Urtheils waren in der Encyclica vom 8. De=
cember 1864 ausgesprochen, eine Mehrheit besonderer Ent=
scheidungen stellte der bekannte Syllabus zusammen. Darüber

großes Entsetzen unter den Potentaten der europäischen Gedanken und den Gewalthabern der Regierungen. Denn die
antichristliche Zeitrichtung, — wir meinen hier nicht diejenige,
die für sich antichristlich denkt, sondern welche den letzten Rest
von Christenthum aus dem Herzen der Völker wegzustehlen
arbeitet — sah sich damit in ihren letzten Gedanken und in
allen ihren Mitteln getroffen. Wie eine zusammengeringelte
Schlange, die eine kleine Zeit einer täuschende Ruhe gepflogen,
bei einem plötzlichen Angriff den halben Wurm ihres Leibes
zur Höhe emporschnellt, und das Haupt mit den wuthblitzenden
Augen und dem doppelten Zungenpfeil giftsprühend nach der
Seite der Gefahr hinwendet: so kehrte sich der Feind mit dem
ganzen Grimme seiner Natur gegen die Stelle, von welcher
der Blitz, der ihn geschlagen, ausgefahren. Er hatte dieselbe
niemals aus dem Auge verloren; seit Jahrzehenten arbeitete
er, in besonderer Arbeit, an Zertrümmerung der weltlichen
Herrschaft des römischen Stuhls. Diese verkündigte er öffent-
lich; aber er verkündigte nicht, daß die Vernichtung der geistlichen Weltherrschaft das eigentliche Ziel sei, welches der
Alberne erreichen zu können vermeinte. Wie aber in großen
und langwierigen Kriegen, die weithin in die Lande sich aus-
dehnen, an vielen Orten und um viele Punkte gestritten wird,
bis endlich, bei annahender Entscheidung, die ganze Kriegs-
furie um einen Hauptpunkt und Königssitz sich zusammen-
drängt, an dem der ganze Preis des Kampfes hängt; so
drängten sich die wilden Schaaren, mit Außerachtlassung besonderer Gewinnste, wie in abgeredeter oder instinctmäßiger Zu-
sammenbestellung um die Burg zu Rom. Eben dahin zog
natürlicher Weise die Vertheidigung. Mehr als zu irgend
einer andern Zeit wurde das Papstthum der Gegenstand der
Liebe und des Hasses, vor Allem aber der Erkenntniß des
Jahrhunderts, und es gehörte bereits zu den vorbereiteten
Triumphen der rechten Seite, daß die linke so vollkommen

verstand, worauf es ankomme. Sie verstand auch so viel, daß
der damalige Ausdruck der durch die Kirche immer fortlaufen=
den Leidensgeschichte Christi ohne den Verrath irgend eines
Judas und ohne die Schwäche anderer Apostel nicht vollkom=
men gleichförmig durchgeführt werden könne. Diese linke
Seite warb darum angelegentlich um solche Gestalten in den
Reihen der rechten; um einen Pilatus oder Herodes war sie
weniger besorgt. Die Lage der Zeit brachte wiederum die
Anregung einer Frage nahe von Ausdehnung der Lehrautorität,
ja überhaupt der geistlichen Machtfülle des römischen Stuhles;
auf diesem Boden hofften die verneinenden Geister mit Vor=
theil zu streiten. Sie wußten alle gallicanischen, febroniani=
schen und josephinischen Ueberlieferungen hinter sich; sie konnten
sich den Anschein geben, einen Besitz zu vertheidigen, und die
in den Gemüthern vieler Gläubigen erblaßte Kirchenlehre als
die Angreiferin darzustellen. Freilich waren die lebenden
Träger jener Ueberlieferungen an Zahl geschmolzene und durch
Alles, was seit Langem geschehen war, entmuthigte Nach=
zügler. Das Papstthum aber war in den letzten Jahrzehenten
in Entfaltung und Uebung seiner geistlichen Gewalt, sowohl
der Lehr= als Regierungsgewalt, über Alles, was die früheren
Jahrhunderte gesehen hatten, hinausgewachsen; und ihm war
gehorcht worden. Der erste Angriff war dem Feinde er=
schwert; er wählte mit der Schlauheit, die den Feind allezeit
charakterisirt, als Angriffspunkt die noch durch keinen feier=
lichen Ausspruch der Kirche definirte Lehre von der päpstlichen
Unfehlbarkeit. Gewann er auf diesem Felde, so gewann er
Alles. Daß der Satz so alt war, wie die ganze Kirchenlehre,
und in diesem Alter erweisbar, kümmerte ihn nicht; daß er
es auch mit der gesammten Kirchenlehre gemein hatte, mit den
Zeiten an Erkennbarkeit zu wachsen, sich zu verdeutlichen, in
die Gemüther der Gläubigen mit immer hellerem Lichte hinein=
zuleuchten, seinen wesentlichen Zusammenhang mit dem ganzen

Glaubensgebäude zu offenbaren, das wußte er nicht, und wollte
es nicht wissen. Auf diesem Gebiete erhob sich jetzt ein er=
hitzterer Kampf; die Getreuen verfehlten nicht, mit ihren besten
Schaaren in denselben einzutreten. Inzwischen nahmen der
Krieg und die Kriege dieser Welt ihren Verlauf; das laute
Waffengetöse übertäubte die Stimmen der Wahrheit und fast
auch des Irrthums. Denn seit das Verdammungsurtheil des
römischen Stuhles die gedachten Ungeheuer von Lehrmeinungen
getroffen hatte, war die Christenheit wieder veranlaßt, zu
seufzen: Finita res est, utinam finiatur et error. Die Irr=
thümer waren nicht verschwunden; sie waren vielmehr zu
Leben, zu Thaten, zu Geschichte, zu Regierungsgrundsätzen, zu
Gesetzen geworden. Es ist aber die Natur des Irrthums, daß
er unglücklich macht; das hat er den europäischen Gesell=
schaften, seitdem er praktisch geworden war, auch recht äußer=
lich und sichtbar gethan. Die erfolgte Zerrüttung des Ganzen
wie des Einzelnen, der Gesellschaft und der Gesellschaftstheile
suchten Diejenigen, die es anging, vergeblich zu entwirren, wie
man denn immer vergeblich an die Lösung jeder Verknotung
geht, solange man das Ende des Fadens nicht gefunden hat.
Die Staaten aber, nachdem sie sich mit den negativen Lehren
und Grundsätzen vertragen, und dieselben mit in ihr Wesen
aufgenommen hatten, wußten nicht mehr, was sie sollten, und
kaum, was sie wollten. Mit der eigenen Krankheit im Leibe
suchte Jeder das Uebelbefinden des Nachbars zu seinem Vor=
theile auszubeuten, um ihn an Land und Leuten, oder politi=
scher Geltung zu schmälern, auch, wenn es ginge, ihn völlig
aufzufressen. Sie sahen aus, wie abgelebte Geizhälse, die mit
dem Tod im Angesichte noch die letzten Summen erwuchern
oder erpressen. Die Fluthen der Gottlosigkeit und Sittenlosig=
keit aber stiegen höher jeden Tag, und überschwemmten die
christlichen Lande und Geschlechter.

Zwischen alles Dieses trat die wunderbare Erscheinung

des vaticanischen Concils. Ja, in wahrhaft wunderbarer Weise begab sich das Unerhörte und von Niemandem Geahnte. Diese Versammlung war wunderbar in der Entschließung des Berufenden, Angesichts der Weltgestalt und der menschlichen Verhältnisse; — wunderbar in dem heiligen Gehorsam der Berufenen, die aus allen fernsten Welttheilen, über Länderstrecken und Meeresstürme, unter unzähligen Opfern herbeieilten, denn sie wußten wohl, wer sie berief; — wunderbar in der Möglichkeit ihres Zustandekommens bei den abgeneigten oder feindseligen Gesinnungen aller Regierungen; — wunderbar in ihrem Verlaufe unter den die Thaten Gottes auf Erden allezeit begleitenden Widersprüchen und Kämpfen; — wunderbar in der Einmüthigkeit des von keiner einzigen Stimme widersprochenen Beschlusses; — wunderbar durch den Moment der Entscheidung, gerade in dem Augenblicke, über welchen hinaus eine Fortsetzung des Concils unmöglich gewesen wäre. —

Das war eine von den großen Thaten Gottes in der Weltgeschichte. — Es sei ferne von uns, über das Resultat der ökumenischen Kirchenversammlung unserer Tage, nach den erschöpfenden Behandlungen der ausgezeichnetsten Geister und mächtigsten Theologen, und vor Allem nach dem Ausspruche der Kirche, Etwas zusetzen zu wollen. Aber gestattet wird es sein, die Worte einer autoritativen Stimme zu wiederholen, daß Alles, was die erleuchtetste Geistesschärfe und umfassendste theologische Wissenschaft zur Unterstützung des damals noch zu definirenden Glaubenssatzes vorgebracht hat, an unzweideutiger Klarheit und überzeugender Bestimmtheit des Ausdrucks nicht an die Aussprüche des Heilands im Evangelium reicht. Wer muß Derjenige sein, auf den Christus seine Kirche gebaut hat? Den der Eckstein unseres Heiles gleichsam zu seinem stellvertretenden Eckstein gesetzt hat, damit das ganze Gebäude unseres Heiles auf ihm ruhe? — Derjenige, den der Herr

Scherflein zur Wahrheit. 3

nicht nur seine Lämmer, sondern auch beren Hirten zu weiden, das heißt, mit dem Brobe der Wahrheit zu nähren berufen hat? — Derjenige, für den Christus selbst gebetet hat, baß sein Glaube nicht wanke, und bessen Glauben also nicht wan= ken kann, wenn nicht das Gebet des Sohnes Gottes unerhört geblieben ist? — Derjenige, der den Auftrag erhalten hat, seine Brüder, die Bischöfe der katholischen Kirche, zu stärken; — natürlich im Glauben? — Wer kann mit allen biesen Versicherungen, Befehlen und Verheißungen des Erlösers auch nur einen Schatten des Glaubensirrthums in Gebanken vereini= gen, von Seite Desjenigen, dem sie gelten? — Aber die Vor= sehung hat, um die Zuversicht der hieher gehörigen Glaubens= gründe an jeden Einzelnen nach seiner Art gelangen zu lassen, gleichsam noch mehr gethan. Sie hat zugelassen, baß alle Be= denken und Gegenmeinungen, an berechtigter Stätte, wir zwei= feln nicht, im guten Glauben, vorgebracht, und insgesammt, jebe in ihrer Natur und Eigenheit, gewürbiget werbe, auf baß nicht allein die objective Wahrheit durch ihre innere Evidenz leuchte, sondern damit auch in das Thor des subjectiven Irr= thums eingegangen werbe, um benselben nach seiner besonberen Weise zur Pforte der Wahrheit hinauszuführen; damit alle Thäler ausgefüllet und alle Hügel geglättet, alle krummen Bahnen gerade gerichtet, und alles Ungleiche zum ebenen Wege würde, und alle Menschen, in bieser seiner jüngsten Offen= barung, „den Heiland Gottes sähen".

Werfen wir einen Blick auf die Lage und das Angesicht der Kirche nach der ergangenen Entscheidung. Einer der ehr= würbigsten Väter jener höchsten Versammlung hatte vor der Entscheidung ben Ausspruch gethan, baß dieselbe nicht sowohl opportun, als nothwendig sei, und das Urtheil der Kirche hat ihm zugestimmt. Diese Nothwendigkeit bezog sich ebensowohl auf die Feinde, als auf die Kinber der Kirche. Den Feinden mußte die gefährliche Waffe der Heuchelei entzogen, es mußte

ihnen unmöglich gemacht werden, unter fortwährenden Versicherungen einer allgemeinen und nebelhaften Kirchengläubigkeit
jedem substanziellen Gehorsam gegen die Aussprüche der Kirche
sich zu entziehen, und während sie von ehrfurchtsvollen Be-
theuerungen gegen dieselbe überfloßen, in deren Eingeweiden
zu wühlen. Es mußte ihnen die Unfehlbarkeit der Kirche in
concretester Gestalt entgegentreten, damit sie durch deren Nicht-
anerkennung als Dasjenige, was sie allezeit gewesen sind, als
Abtrünnige sich erwiesen. Nicht der gedruckte und deutbare
Satz eines vor Jahrhunderten abgehaltenen und vielleicht in
Jahrhunderten nicht wieder zu versammelnden Concils, sondern
die allzeit lebendige Autorität stand in ihren Wegen, und sie
vermochten nicht, vor derselben zu bestehen. Was aber dem
Feinde zum Schrecken, das war eben so sehr den Kindern der
Kirche zum Heile, zum Troste, zur Erquickung. Darunter
waren einige unter den vielfach hin und wieder gehenden Reden
irre und schwachmüthig geworden, und in Bestürzung gerathen,
wohin sie ihren Glaubensgehorsam, den sie gerne boten, zu
verlegen hätten. Die Reiferen aber, die von jeher wußten,
woran sie waren, und die ununterbrochene Kirchenlehre, die
man den Unwissenden jetzt als Neuerung vorstellen will, in
ihren Herzen festgehalten hatten, betrübten sich über den An-
stoß der Unmündigen, und über die subjective Unsicherheit des
lebenden Geschlechts. Weil nun aber alle Glaubenswahrheiten
von Christus dem Herrn seinen Aposteln und damit seiner
Kirche ganz und vollständig übergeben worden sind, dergestalt
jedoch, daß sie im Laufe der Kirchengeschichte theilweise an
Licht und Erkennbarkeit, oder dürfen wir sagen gläubiger Be-
greiflichkeit wachsen und sich mehren, und einige darunter erst
in gewissen Phasen diejenige allgemeine Glaubensdeutlichkeit
erlangen, die sie als nothwendige Bestandtheile des gesammten
Lehrsatzes dogmatisch definirbar macht, so daß sie als bestimmte

Glaubensſätze der ganzen Chriſtenheit bei Strafe der Lostren=
nung von der heiligen Gemeinde vorgeſtellt werden können; —
was nicht ausſchließt, daß ſie ſowohl im Bewußtſein der Kirche
als in einzelnen bevorzugten Seelen jederzeit mit ganzer und
vollſtändiger Klarheit gelebt und Früchte getragen haben: —
weil nun Dieſes, ſagen wir, ſich ſo verhält, ſo wird die An=
nahme nicht zu kühn ſcheinen, daß auch in unſeren Tagen
ſolche wohlgefeſtete Seelen gelebt haben können, die dem Herrn
mit brünſtigem Gebete anlagen, daß Dasjenige, was ihnen
Sicherheit und Förderung geworden war, auch zur Feſtſtellung
und zum Frommen der ganzen Chriſtenheit gedeihen möge.
Um Dieſer aller willen, der Feinde und der Kinder, mußte der
Glaubensſatz von der Unfehlbarkeit des römiſchen Lehrſtuhles
verkündiget werden; der Schutz, das Bedürfniß, die Sehn=
ſucht, die Liebe der Kirche drängte dazu. Es war eine der
außerordentlichen Gnaden, womit Gott ſeine heilige Gemeinde
von Zeit zu Zeit heimzuſuchen pflegt, und es bleibt Nichts zu
wünſchen übrig, als daß die Wohlthat allſeitig erkannt, und
mit entſprechender Liebe ergriffen werde. Man könnte den
verkündigten Satz gewiſſer Maßen als das eigentliche Dogma
des neunzehnten Jahrhunderts bezeichnen; dasjenige nämlich,
welches den geſammten Inhalt aller gleich nothwendigen und
göttlichen Glaubensſätze, gerade nach dem Bedürfniſſe der
lebenden Geſchlechter, als ein ſicherer Haft zuſammenzuhalten
und in dem patenten Widerſpruche, den es begegnet, den in
vielen Gemüthern latenten Widerſpruch gegen allen übernatür=
lichen Glauben zu enthüllen und zu überwinden beſtimmt iſt.
Der auf Verordnung des Concils zu Trient herausgegebene
Catechismus Romanus enthält den Satz, daß, wer allein den
Artikel: „Credo unam sanctam catholicam et apostolicam
Ecclesiam" mit aufrichtigem Herzen bekennt, nicht mehr als
Ketzer betrachtet werden kann. Es war dieß damals gerade
der Glaubensſatz, an welchem die Prüfung der Geiſter ſich

vollzog, und wer hier in seiner Seele zustimmte, der hatte
dem ganzen übernatürlichen Glauben zugestimmt. Was aber
die Lehre von der unfehlbaren Kirche für das sechzehnte, das
ist genau die Lehre von dem unfehlbaren Papste für das neun=
zehnte Jahrhundert. Es ist dieselbe Lehre, nur noch in einem
wesentlichen Punkte aufgehellt, und der allezeit leichten An=
wendbarkeit und Erfaßbarkeit versichert. Man durfte sich nie=
mals die unfehlbare Kirche ohne den Papst vorstellen; jetzt
wissen wir, daß Derjenige, der in Verbindung mit der Kirche
den Ausschlag der Unfehlbarkeit gibt, das Moment der Un=
fehlbarkeit in seiner eigenen Würde trägt; gerade wie das
Haupt, welches in Verbindung mit dem Körper den denkenden
Menschen darstellt, als Träger des Gedankens für sich selber
eintritt. Aber allerdings ist damit den Geistern abermals ein
großer Prüfstein vorgelegt, und es ist wie eine Schneide zwi=
schen sie hineingefahren, und hat sie schon lange nach Rechts
oder Links geworfen, und darum kommt die Frage, wie wir
uns zu den Einen und den Andern zu verhalten haben. Die
da mit eigener Wahl sich links gestellt, für Diese können wir
sonst Nichts als beten; es ist aber zu sorgen, daß ihre Reihen,
so wenig Gewinnendes in deren Erscheinung liegt, nicht durch
Unkenntniß und Bethörung der Bevölkerungen sich vermehren.

Das Erste, worauf Alles ankommt, ist, daß die Gläubigen
von der großen Gottesgabe der vaticanischen Entscheidung
klaren, richtigen, aber auch vollständigen und erschöpfenden
Begriff bekommen. Es ist Etwas geschehen, was in der Kirche
nicht alltäglich und nicht alljährlich, nicht in Jahrzehenten und
nicht in allen Jahrhunderten vorkommt. Auf das Außerordent=
liche dieser Manifestation Gottes muß derjenige Hauptton ge=
legt werden, der dahin gehört. Es wird sich von daher leicht
der Uebergang ergeben, daß das außerordentliche Geschenk auch
von außerordentlicher Nothwendigkeit und Heilsamkeit für die
Empfänger war. Und Das wird wohl kaum mit einer ein=

maligen Verkündigung des vaticanischen Beschlusses, oder mittelst gelegentlicher Bezugnahme auf denselben bei veranlassenden
Jahresfesten, sondern wohl nur in Kraft einer fortgesetzten,
liebevollen, eindringenden Behandlung des Gegenstandes
erreicht werden, welche die warme Ueberzeugung des Redenden
in die Gemüther der Hörenden überträgt. Es ist Dieß das
Glaubensbrod, welches gerade unsre Zeit zu nähren bestimmt
ist, und wir wollen nicht weiter davon reden, weil es die
Sache des Seelsorgers ist, das Brod zu brechen, und er die
Berufsgnade hat, zu entscheiden, wie viel gerade seine Pflege=
befohlenen von dem Brode bedürfen oder vertragen. Das
Leben aber, welches vom Brode genährt wird, wird von der
Waffe vertheidigt. Diesen Waffendienst zur Beschützung des
Lebens ist aber Geistlichen und Laien gleichmäßig aufgegeben,
und den Laien fast noch mehr, weil sie der Kriegsstand von
Hause aus sind, und weil ihre Speere und Wurfspieße nach
Gegenden treffen, wo kein Wort des Priesters hingelangt. In
diesen Kampf einzutreten, wenn es die Gelegenheit bringt,
müssen wir Alle allezeit und gerne bereit sein. Es ist oft
nur ein Streit der freundlichen Rede, der den in Irrthum
geleiteten Bruder aufklärt, nicht verletzt, und den Stein aus
seinem Wege schleudert, an dem er sich gestoßen hätte. Einen
solchen Dienst der Liebe wird oft auch ein zuhörender, unbe=
fangener Dritter von uns zu erfahren ein Recht haben. Zank=
süchtig freilich dürfen wir nicht sein, und für den böswilligen
Widerspruch haben wir keine, oder nur eine kurz abschneidende
Rede, denn wir sind angewiesen, die Perlen nicht dorthin zu
werfen, wo sie nicht hingehören. Den allgemeinen Kampf
gegen die Unwahrheit aber darf kein christlicher Mensch in
irgend einer Beziehung und darum besonders nicht in der
Sache aufgeben, die uns beschäftigt. Und zwar nicht allein
um ihrer Größe willen, sondern auch darum, weil uns hier
durch fortgesetzte, calculirte und unredliche Angriffe die Ver=

theibigung aufgezwungen wird. Es darf wohl gesagt werden,
daß nicht leicht in einer anderen Verhandlung so viele An=
strengung gemacht wurde, das Klare zu trüben, das Einfache
zu verwickeln, die Standpunkte zu verrücken, als eben in dieser.
Es geschah noch Schlimmeres. Von Denjenigen, die in-Jour=
nalen oder Druckschriften, in Volks= und Parlamentsreden
unberufen mitverhandelten, hatte ein Theil in Auseinander=
setzung und Bestreitung des Gegenstandes Aufstellungen und
Argumente gebraucht, die sie selbst nicht glauben konnten. Das
ist aber die Lüge in ihrer übelsten Gestalt, und macht den
Anfänger und Anführer einer solchen Richtung kenntlich, welcher
der Lügner von Anbeginn heißt. Da hat man zuerst gesagt,
die vorgestellte Glaubenslehre sei neu. — Ja, so neu als das
Evangelium ist, von welchem vor zweitausend Jahren noch
kein Mensch Kunde hatte. — Oder die Anfangs widerstreben=
den Bischöfe seien zur Einwilligung gezwungen worden. —
Ja, gewiß und ohne Zweifel gezwungen, aber von einem viel
Größeren und Mächtigeren, als der Papst ist. Glückselig sie,
die diesem heiligen Zwange nachgaben, die der Gewalt des
heiligen Geistes, die eben so lieblich als stark ist, mit Freuden
wichen, und sich einen Schatz in der Ewigkeit anlegten, der
von ihnen nicht wird genommen werden! Die aber vor uns
hintreten, zu behaupten, der arme schwache Greis im Vatican
auf seinem belagerten Throne hätte über Bischöfe, Unterthanen
starker Mächte, welche, wie sich einige dazu fähig bewiesen
haben, jeden Act der Insubordination gegen den widerwärtigen
Oberpriester zu Rom mit huldvollen Zuschriften oder substan=
tielleren Gunsterweisungen zu lohnen bereit waren: — die da
vor uns behaupten, sagen wir, jener Greis im Vatican hätte
über die seinen Heischungen Abholden einen Zwang anderer
Art seinerseits üben können oder wollen, — Diese mögen der
Welt nicht zumuthen, einzuräumen, daß sie im Ernste und im
guten Glauben also geredet haben. — Wiederum ist gesagt

worden, man wäre der Tradition nur in ihrem italienischen oder spanischen Flusse nachgegangen. — Das heißt, im Sinne der also Klagenden, dem sie auch zum Theil in klaren Worten Ausdruck gaben, man hätte die katholische Ueberlieferung lieber in Frankreich, Deutschland, Oesterreich oder Ungarn aufsuchen sollen, wo sie seit einem oder zwei Jahrhunderten gefälscht war. Die Wahrheit ist, daß alle Bischöfe aller Länder des Erdkreises berufen wurden, und daß die Berufenen die reine Ueberlieferung gleichviel an welcher Stelle zu finden wußten. — Auch Das noch ist gesagt worden, daß die Verhältnisse des Versammlungsraumes den Anwesenden die Redner deutlich zu vernehmen erschwerten. — Die aber unter Umständen, welche jedem Berechtigten hinreichende Mittel boten, sich von Allem, was gesagt worden war, vollständige Kenntniß zu verschaffen, diesen akustischen Grund in heiliger Sache als einen ernsthaften und schwerwiegenden Einwand zu gebrauchen im Stande waren, haben damit an den Tag gelegt, wessen Geistes Kinder die Einwände und die Einwender waren.

Aber noch viel mehr, als um die Sache herum, hat sich der Feind in dem Kerne der Sache selbst zu schaffen gemacht. Wie man dort die Wege unsicher zu machen, und die nach dem Ziele Strebenden von demselben abzulenken bemüht war, so trachtete man hier, durch ein Aufgebot unedler Künste, das Ziel selber zu verdächtigen, den Inhalt des vaticanischen Beschlusses zu verzerren, und als etwas völlig Andres vorzustellen, als er war. Solche Art des Kampfes ist man bei den Gegnern der katholischen Sache gewohnt. Wie wir seit dreihundert Jahren von gewissen Seiten ununterbrochen hören mußten und müssen, daß wir Heilige und Bilder anbeten, Sündennachlaß für Geld erkauften, und was dergleichen war, und die evidenteste Darstellung des wahren Sachverhalts keine andere Folge hatte, als daß das Nämliche wieder gesagt wurde, so geschah es auch hier. Es ist von einer Reihe mächtiger, berechtigter und autoritativer Stimmen gesagt worden, was das im Vatican verkündigte Dogma meine, und was es nicht meine. Nur zur Erinnerung, und zur Mehrung der Bewaffnung unserer etwa in den Streit gezogenen Mitchristen wollen wir die hieher gehörigen Hauptgedanken in kürzester Rede noch einmal wiederholen, weil leider vorauszusehen ist, daß auch die obgedachten Verzerrungen, ganz unbekümmert um die ausgiebigsten Zurechtlegungen der Sache, nicht nur noch Einmal, sondern noch vielmal wiederholt werden werden.

Jeder Bestreitung des Irrthums muß allzeit die Erkenntniß der Wahrheit vorausgehen. Der wahre Sinn der Glaubenslehre von der päpstlichen Unfehlbarkeit ist aber dieser: „Wenn der Papst in seiner Eigenschaft als Stellvertreter Jesu Christi und Oberhaupt der Kirche — die Theologen nennen das ex cathedra, von seinem obersten Stuhle herab — über Gegenstände des Glaubens oder der Sitten ein Urtheil ausspricht, so ist dieser Ausspruch, kraft eines besonderen Beistandes des heiligen Geistes, gegen jeden Irrthum gesichert, und muß von allen Katholiken mit vollkommener Unterwerfung als ein Ausspruch der unfehlbaren Kirche angenommen werden." — Sollten hier einige Katholiken entgegnen: Das haben wir ja von jeher gewußt; — so gibt es darauf keine andere Antwort, als: Freilich habt ihr das von jeher gewußt; der Unterschied zwischen dem früheren und gegenwärtigen Stand der Dinge ist kein anderer, als daß die Kirche dieser Wahrheit auf dem Vaticanum das höchste Siegel aufgedrückt hat, was Gott in ihre Hand gelegt; und daß dieser Satz, der in der Kirche allezeit, und von den vollen und bewußten Katholiken mit unerschütterlicher Ueberzeugung geglaubt worden war, nun von allen Katholiken bei Strafe des Ausschlusses aus der kirchlichen Gemeinde geglaubt werden muß. — Trachten wir aber, auch um unserer selbst willen, dahin, den vorgestellten Glaubenssatz in allen seinen Theilen vollständig zu erfassen, und unseren Gehorsam, als rationabile obsequium, nach diesem rechten Verständnisse einzurichten.

Erstens muß der unfehlbare Ausspruch des Papstes von der Höhe seines Stuhles, das heißt, in seiner Eigenschaft als Stellvertreter Christi auf Erden und Oberhaupt der allgemeinen Kirche, ergehen. Es war eine der Vorspiegelungen, die man dem christlichen Volke vorgaukelte, als ob die Unfehlbarkeit mit dem Papste spazieren ginge, oder sich in seine Privatconversationen einmischte. Sie ist überhaupt, gleich jeder bischöflichen, priesterlichen oder überhaupt geistlichen Machtvollkommenheit, kein Attribut der Person, sondern des Amtes. Es ist darum auch ganz gleichgiltig, ob der Gedanke der Entscheidung ursprünglich in der Seele des Papstes aufgetaucht, oder ihm von einem Cardinal, Theologen 2c. an die Hand gegeben, oder ob selbst ein erster Einfall des Papstes von einem Solchen bestritten worden ist, dergestalt jedoch, daß der Papst den Widerspruch als giltig anerkannte. Nur allein der Ausspruch, der an die Adresse der Gläubigen gelangt, trägt den Charakter der Unfehlbarkeit.

Zweitens folgt aus dem Gesagten, daß wir uns die päpstliche Unfehlbarkeit nicht, wenigstens nicht nothwendig und allezeit — denn wir können dem heiligen Geist keine Schranken setzen, wenn er etwa mehr thun wollte, als er versprochen hat — daß wir uns die gedachte Unfehlbarkeit nicht als göttliche Inspiration, sondern als göttliche Assistenz vorzustellen haben. Im Falle der Inspiration, wie sie den Aposteln und den Verfassern der kanonischen Bücher beider Testamente eigen war, ist der Gedanke und seine Formgebung eine unmittelbare Mittheilung des heiligen Geistes, im Falle der Assistenz geht die Wirkung des heiligen Geistes bloß dahin, daß er jeden Irrthum abhält.

Zum dritten hat die päpstliche Unfehlbarkeit ausschließend die Lehren des Glaubens und der christlichen Sitte zu ihrem

Gegenstande. — „Also nicht die Wissenschaft?" hören wir ent=
gegenrufen. Wir antworten: Freilich nicht die Wissenschaft;
obschon wir den Fallstrick wohl kennen, der mit dieser Frage
den Einfältigen gelegt werden will. Haben sie doch zu ver=
stehen gegeben, der Papst werde unmittelbar nach der Erklär=
ung des Conciliums chemische, botanische, astronomische Sy=
steme orakeln! — Das wird er nicht thun; er wird überhaupt
Nichts thun, als was er allezeit gethan hat, denn er ist durch
die Definition kein Anderer geworden, als der er gewesen ist,
seit ihn Jesus Christus in der Person des heiligen Petrus zu
seinem Stellvertreter eingesetzt hat; durch den Beschluß des
Vaticanums ist er als solcher nur kennbarer geworden, nicht
erhöht. — Weil aber gerade im Namen und unter dem Vor=
wande der Wissenschaft die meisten Staubwirbel aufgeworfen
worden sind gegen jenen Beschluß, so wird es zum Zwecke
dienen, dieser Frage so tief als möglich auf den Grund zu
schauen. — Die Kirche lebt ganz im Reiche der Gnade, in
den übernatürlichen Thatsachen und Wahrheiten. Der heilige
Geist hat sich nicht gewürdigt, zu offenbaren, was der Mensch
mit seinen natürlichen Kräften erkennen, oder was ihm ohne
Schaden seines innersten und ewigen Lebens unbekannt bleiben
kann. In dieses Reich der Natur (das Wort in seiner wei=
testen Ausdehnung auf die geistige und materielle Natur ge=
nommen) gehört das Gesammtgebiet der Wissenschaften. Es
hat aber die Natur, wie die Gnade, ihren Ursprung und ihr
Gesetz aus Gott. Zwischen der wahrhaften Erkenntniß der
natürlichen Dinge, die allein mit Recht Wissenschaft heißt, und
dem Glauben, welcher die wahrhafte Erkenntniß der über=
natürlichen Dinge ist, kann darum niemals ein wirklicher
Widerspruch auch nur gedacht werden. Wohl aber ist ein
solcher möglich zwischen dem Glauben und einer unrechten Auf=
fassung der natürlichen Dinge. Die also über einen möglichen
Conflict der Wissenschaft mit der Kirche schon von vorne her=

ein gar nicht zur Ruhe kommen können, geben damit zu er=
kennen, daß sie gerade für die irrende Wissenschaft so zärtlich
besorgt sind. Die Haltung der Kirche gegenüber der Wissen=
schaft war aber zu allen Zeiten die nämliche. So lange ein
wissenschaftlicher Irrthum sich auf rein natürlichem Grunde
bewegt, so bleibt er zwar ein Uebel für die Wissenschaft selbst,
aber die Kirche hat keinen Beruf und keine Veranlassung, da=
gegen einzuschreiten. Eine solche Veranlassung und Auffor=
derung der Kirche tritt aber jedesmal ein, wenn die Kühnheit
des Irrthums sich an den durch die Offenbarung festgestellten,
übernatürlichen Wahrheiten vergreift. In einem solchen Falle
hat der Papst allezeit die so beschaffenen Sätze verdammt,
und wird es auch in Zukunft thun; nicht mehr und nicht
weniger als bisher. Damit waltet er vor Allem seines heiligen
Amtes, und erfüllt die ihm von seinem himmlischen Meister
aufgegebene Pflicht, die Hinterlage des heiligen Glaubens rein
und ungefährdet zu erhalten. Aber er erweist nebenher auch
der Wissenschaft selbst eine unschätzbare Wohlthat. Denn der
vor dem Glauben incorrecte Satz ist allezeit auch ein wissen=
schaftlich falscher. Das erkennt nun die Wissenschaft auf ihrer
gegenwärtigen Entwicklungsstufe vielleicht nicht. Es wird auf
den Satz weiter gebaut, und werden Folgerungen daraus ge=
zogen, und Systeme darauf gegründet, Jahrzehnte, vielleicht
ein paar Jahrhunderte lang. Da erweist sich denn endlich
der Satz, aus rein wissenschaftlichen Gründen, vor aller Welt
als ein irriger, und man läßt ihn fahren. Das ist alsdann
freilich sehr wohl gethan, aber die vieljährige Arbeit ist ver=
gebens gewesen, die Köpfe, die den Irrthum in ihr Bewußt=
sein aufgenommen, haben sich umsonst zermüht und zerrüttet,
unzählige, vielleicht schöne Kräfte, sind verschwendet worden,
und alle Resultate, die von einem richtigeren Ausgangspunkte
hätten gewonnen werden können, sind für die Wissenschaft
verloren gegangen. Wie viel besser, wenn eine autoritative

Stimme gleich vom Anfange dem zuerst Fehlgehenden zugerufen
hätte: „Du bist auf dem Holzwege; das sage ich dir nicht von
deinem, sondern von meinem Standpunkte, der der richtige für
Alles ist" — und wenn der Fehlgehende sich hätte weisen
lassen! — Es ist niemals die wissenschaftliche Wahrheit, son=
dern der wissenschaftliche Irrthum, darum niemals die Wissen=
schaft, sondern die Unwissenschaft, welche vom Papste ver=
urtheilt wird.

Es liegt aber ein Gedanke nahe, den man auszusprechen
kein Bedenken tragen darf. Woher kommt es denn, daß gerade
von dieser Seite die Ausschreitungen so zahlreich und zuweilen
so exorbitant sind, daß man nicht allein mit Cicero sagen kann,
es gebe keinen Unsinn, den nicht schon einmal ein Philosoph
behauptet, sondern darüber hinaus, es gäbe keine Gottlosigkeit,
die nicht schon einmal ein Gelehrter ausgefunden und zu System
gebracht hätte? In der menschlichen Beschränktheit allein liegt
Das nicht, noch weniger in der Wissenschaft selbst. Denn die
Wissenschaft ist gut und edel, und kein Mensch soll sie schmä=
hen; sie ist von Gott selbst geordnet, und ungefähr das Höchste,
was die natürlichen Kräfte des Menschen zu erreichen ver=
mögen. Aber gerade der Stand auf den Höhen ist ein wenig
gesicherter; er setzt feste Stellung und völlige Freiheit von
Schwindel voraus. Dieß gilt schon von den geringeren Höhen
des Besitzes, der Macht und der Ehren. Es ist uns gesagt
worden, daß ein „Kameel leichter durch ein Nadelöhr geht, als
ein Reicher in das Himmelreich". Wiederum ist uns gesagt
worden das gerade hieher gehörige Wort, „daß die Wissen=
schaft aufbläht." Das thut sie nämlich nicht nach Art ihrer
Natur, sondern nach Art der verdorbenen menschlichen Natur.
Aufgeblähte Gefäße werden aber allemal hohle Gefäße, und
die hohlen Gefäße sind vor allen die zerbrechlichsten. Es fallen
uns hier ein paar geistliche Gnomen bei, die einmal Einer im
Geschmack des Angelus Silesius niedergeschrieben hat:

„In irdenem Gefäße trägst Du die Gnade Deines Herrn,
D'rum sieh, daß es nicht hohl sei; ein hohl' Geschirre bricht so gern;"
und

„Wann hohl ist das Gefäße? — Wann Wind der Eitelkeit
Und schnöder Qualm des Hochmuths sich drinnen machen breit."

Es sollte überhaupt Niemand an die Wissenschaft gehen,
der nicht von der Erbsünde und ihren Wirkungen auf den
Menschen rechte und durchgebildete Vorstellungen hat. — Wie
es aber die Art der ewigen Worte ist, daß gerade Diejenigen,
die ihnen widersagen, dazu verurtheilt sind, sie am offenkun-
digsten vor aller Welt zu bewähren, so geschah es jetzt wieder
mit dem Worte, daß die Wissenschaft aufbläht. Es ist im
Namen, und mit dem Namen der Wissenschaft, deren hohe
und würdige Idee wir hier allezeit aus dem Spiele lassen,
vielleicht niemals so gottloser Mißbrauch und so verbrecherischer
Unfug getrieben worden, als bei Gelegenheit des vaticanischen
Beschlusses. Wir reden hier nicht gerade von Solchen, die mit
Bestialitäten und Affensprüngen umgehen, sondern von denjenigen, die sich für positiv, gläubig, christlich und katholisch
geben, das Uebernatürliche in thesi statuiren, aber es mit
der Natur zu corrigiren unternehmen. Ein Geringeres aber
thut derjenige nicht, der die Stimme der Kirche mit Berufung
auf was immer für eine Wissenschaft abzulehnen darangeht.
Solch' ein Vorgang ist nicht nur der unwissenschaftlichste —
wenn wir gerne mit heftigen Ausdrücken umgingen, so würden
wir sagen, der absurdeste — nachdem er das Contradictorische
in sein Gebaren hereinzieht; er ist zugleich der gottloseste,
weil er dem Gott, den er anerkennt, zum Widerspruche ent-
gegentritt. Denn — noch einmal — die Appellation von der
Kirche an die Wissenschaft ist nichts Anderes, als die Appellation
von der übernatürlichen an die natürliche Erkenntniß, von Gott
an den Menschen. Es bedarf aber die natürliche Erkenntniß
der übernatürlichen zu ihrer eigenen Vollendung, Befestigung

und Beruhigung. Diese Rede hat, nach einem schönen Aus-
drucke des Grafen Stolberg, eine Ulme, an der sie sich hinauf-
ranken soll. Was ihr darum im Zwiespalte verloren geht,
ist nicht weniger, als sie selbst. Was bleibt, ist nicht mehr
Wissenschaft, sondern ein ganz anderer Stoff, dem ein und
der andere wissenschaftliche Lappen aufgenäht ist; unus et alter
assuitur pannus. Es bleiben, je nach verschiedener Art der
Mißstrebenden, das Cadaver, oder die Trümmer, oder das
Gehäuse, oder die Einbildung, vor Allem aber und allerseits
die Hoffart der Wissenschaft. Diese ist der eigentliche Stoff,
aus dem und in dem sie arbeiten. Sie werden nicht lange
arbeiten. Sie oder ihre Nachfolger werden bald keinen posi-
tiven Schein mehr behaupten können. Schon können sie sich
der aufgedrungenen Bundesgenossenschaft der Stoffwandler
nicht mehr erwehren. Solche Bestrebungen enden im Nichts,
denn der Tod ist auch hier der Sünde Sold.

Noch einen vierten Punkt hätten wir zu erwähnen, über
Etwas, das man in den Concilsbeschluß hineingelegt hat, und
was derselbe nicht sagen will. Es widerstrebt uns, davon zu
reden, weil die Drehung unmöglich vom guten Willen aus-
gegangen sein kann, und weil mit dem üblen Willen einerseits
nicht zu reden ist, andererseits aber eine Ueberrumpelung des
unbefangenen guten Glaubens durch so plumpe Täuschung
kaum zu befürchten steht. Aber es soll auch hierüber das
Nöthige erwiedert werden. Man hat `nämlich die päpstliche
Infallibilität als Impeccabilität ausgegeben, das heißt, die
dogmatische Unfehlbarkeit des päpstlichen Ausspruches als Sünde-
losigkeit der Person. Man habe den Papst zum Gotte de-
decretirt, zur vierten Person in der Trinität, und was dergleichen gotteslästerische Reden mehr waren. Jeder einfache,
in seinem Katechismus unterrichtete Christ versteht, daß das
Concil ein solches Decret weder erlassen wollte noch konnte.
Der Papst ist von der allgemeinen Sündhaftigkeit der mensch-

lichen Natur nicht ausgenommen; er betet täglich das Con-
fiteor, und hat seinen Beichtvater. Es ist wahr, daß wir in
keiner andern Reihe eine so glänzende Folge heiliger Seelen
finden dürften, als auf dem römischen Stuhle. Aber Gott
hat Ausnahmen zugelassen, zum Zeichen Dessen, daß keine
Würde, auch nicht die höchste, den Menschen Sicherheit zu
geben im Stande ist, und daß ein Jeder sein Heil mit Furcht
und Zittern wirken muß. Er hat auch zugelassen, daß glor-
reiche Päpste in Momente der Schwäche gefallen sind, und
sich zu Handlungen haben bestimmen lassen, die sie zu wider-
rufen Ursache hatten. Wer aber widerruft, der bekennt, daß
er gefehlt hat. Ebenso wenig hat Gott den Papst von den
täglichen menschlichen Unvollkommenheiten und Gebrechlichkeiten
ausgenommen, von welchen geschrieben steht, daß der Gerechte
siebenmal im Tage fällt.

Das Alles ist eigentlich selbstverständlich, und konnte
nicht zugleich im Ernst und mit guter Absicht anders gedeutet
werden. Aber noch eine Seite der Sache verdient eher besondere Erwähnung. Die Unfehlbarkeit erstreckt sich nämlich
nur auf die dogmatisch-moralische Lehrgewalt, nicht auf die
Regierung der Kirche. Der Papst kann bei Ausübung der
kirchlichen Regierungsgewalt fehlgreifen, er kann falsche Schritte
machen, er kann in übermäßiger Strenge oder Milde irre
gehen, er kann seine Pflichten vernachlässigen. Wäre es anders, so wäre Nichts leichter, als Papst zu sein, und jeder
Heilige, welcher vor der Verantwortlichkeit des priesterlichen
Amtes erschrack, und es als eine unerträgliche Bürde für
menschliche Schultern erachtete, hätte besonders trachten müssen,
Papst zu werden; da hätte er nicht mehr fehlen können. Aber
wir wissen zugleich, daß Gott seine unterstützenden Gnaden
nach dem Stande und Bedürfnisse verleiht, und haben die
obigen Worte nicht in Unehrerbietigkeit gegen die höchste
Würde auf Erden, sondern in dem Bestreben niedergeschrieben,

eine Sache, die auf allen Seiten verwirrt wird, auch in allen Seiten klar zu machen. Der Papst kann fehlen, damit er auch unendlich verdienen könne für alle Ewigkeit, denn das Eine ist von dem Anderen unzertrennlich. Wir hegen dabei das Vertrauen zu der Macht unseres Gottes, und zu seiner Liebe für seine Kirche, daß Alles in Allem genommen, und alle menschliche Schwäche und Untreue mit eingerechnet, doch wohl in keinem Amte weniger gefehlt worden ist, als in diesem höchsten.

Aber was immer dem Inhaber dieses Amtes in der zuletzt gedachten oder jeder anderen Beziehung vorzuwerfen sein mag, es kann den unfehlbaren, amtlichen Ausspruch desselben so wenig gefährden, als die persönliche Unwürdigkeit des Priesters, so lange er in ordentlichem Zusammenhang mit der Kirche verbleibt, der Wirksamkeit seiner sacramentalischen und sonstigen priesterlichen Handlungen Abbruch zu thun im Stande ist. Das ist für jede katholisch belehrte Seele selbstverständlich. Eine schon öfter gemachte Bemerkung wird aber doch auch hier nicht am unrechten Orte stehen. Der Hohepriester des alten Bundes reichte an Würde nicht an den christlichen Papst, aber er war dessen Vorbild in der Vorkirche. Der letzte Träger dieses heiligen Amtes war, bis zum zerrissenen Tempelvorhang, der verruchte Kaiphas. Von diesem erzählt das Evangelium, daß er seinem verfolgendem Hasse gegen den Erlöser in den heuchlerischen Worten Ausdruck gab: „Es ist besser, daß ein Mensch sterbe, als daß das ganze Volk zu Grunde gehe." Und der heilige Geist macht unmittelbar dazu die Bemerkung: „Indem er aber dieses sagte, weissagete er; denn er war der Hohepriester dieses Jahres." Weissagen heißt in der heiligen Schrift überhaupt einen göttlichen Ausspruch verkünden. Was Jener in der Bosheit seines Herzens gesagt hatte, darein legte Gott zugleich einen Ausdruck seiner unendlichen Barmherzigkeit für uns Menschenkinder, daß er „seinen eigenen Sohn nicht geschont, sondern für uns Alle dahingegeben hat." Der Mensch lästerte, -aber das Amt weissagete! — Dreimal glücklich aber die Geschlechter, zu denen der Mund der Wahrheit zugleich aus einem Herzen der Liebe redet.

Aber noch ein Gedanke schließt sich an. Der Papst hat nämlich auch den besonderen Vorzug, daß sein neunzehnhunbertjähriger Gang durch die Geschichte ein Abbild und wie ein nachfolgender Typus des Wandels Christi auf Erden ist. Das Papstthum in der Weltgeschichte! — Das wäre der Inhalt einer unerschöpflichen Betrachtung, die allerdings lange begon= nen hat, bis in den Anfang der christlichen Tage zurückgreift, mit der Geschichte selber gleichlauft, in unseren sinkenden Zeiten immer helleres Licht und reichere Gedanken gewinnt, und ihr vollkommenes Verständniß nur dort haben kann, wo Gott von der gesammten triumphirenden Kirche von Angesicht zu Angesicht gesehen wird. — Es ist uns gesagt worden, daß das Leben Christi auf Erden, von dem Augenblicke seiner Geburt bis zu seinem Kreuzestod, ein ununterbrochenes Leiden war. Auch den römischen Stuhl begleitet das Leiden durch alle Jahrhunderte, und es machen diejenigen keine Ausnahme, in welchen der Papst, in der höchsten Höhe seines Ansehens unter den christlichen Völkern, den Nachkommen, wie auf einen glänzenden Berg Tabor gestellt, in unvergleichlicher Glorie zu herrschen scheint. Denn gerade in diesem Zeitraum, zwischen Gregor VII. und Bonifacius VIII., ging ein Papst nach dem andern in die Verbannung, oder duldete das Gewissensmartyrium unerfüll= barer kaiserlicher Forderungen, oder sah sich durch eine Folge von Afterpäpsten von seinem sichtbaren Stuhle verdrängt, von Fürstennachstellungen und Volksaufständen bis zum Tode geängstigt. Was aber die Päpste vorher und seitdem erduldet, steht auf allen Blättern der Geschichte, und ist in Jedermann's lebendigem Gedächtnisse. — Von Christus ist offenbar, was

von ihm gesagt worden ist: „Pertransiit benefaciendo.“
Aber er hat seine Wohlthaten durch seinen Stellvertreter fort-
gesetzt, und es gibt fast keine Wohlthat, welche den jugend-
lichen Völkern der neuen Weltordnung, seit dem Untergange
des römischen Reiches, anderswoher als von dem römischen
Stuhle zugeflossen wäre. — Was dem Heilande von seinem Volke
für ein Lohn ward, das verkündigt die von der Kirche in seinen Mund gelegte Klage: „Mein Volk, was habe ich dir
gethan, oder womit habe ich dich betrübt? Antworte mir. —
Weil ich dich vierzig Jahre durch die Wüste geleitet, und dich
mit Manna gespeist, und in ein gutes Land eingeführt habe,
so hast du deinem Erretter das Kreuz zubereitet“ — und wie
es in den herzzerschneidenden Improperien des Charfreitags
weiter heißt. Der Erlöser selbst aber hat von seinem Volke
gesagt: „Sie haben mich ohne Ursache gehaßt“. — Dem
Papst ward kein anderer Lohn in nahezu zweitausendjähriger
Geschichte, „denn der Diener ist nicht über den Herrn“ und
er kann das Wort wiederholen von seinen Völkern: „Sie
haben mich ohne Ursache gehaßt.“ Der Haß, der den Herrn
und den Diener getroffen, ist aber der Haß des Menschen
gegen Gott. — Gleichwie Christus hat aber auch der Papst
seine Getreuen gefunden, und sie mehren sich allzeit und werden getreuer, gerade in den schauerlichsten Zeiten, wo der Haß
am lautesten brüllt, und die Weisen und Mächtigen dieser
jämmerlichen Erde ihren Triumph über den Himmel voraus
feiern. — Und noch Eins. Nachdem die Engel die Geburt
des Sohnes Gottes verkündigt, und Könige an seiner Krippe
angebetet hatten, läßt ihn der himmlische Vater in dem ver-
borgenen Gehorsam einer unscheinbaren Jugend die ersten göttlichen Verdienste für die Menschheit erwerben. Auch der
Papst, nachdem ihn Christus selber als Denjenigen angekündigt,
der er ist, verbringt in dem unscheinbaren Gehorsam, der sich

zur Schlachtbank führen läßt wie ein Lamm, das seinen Mund nicht aufthut, seine ersten Jahrhunderte. Das ist sein sichtbarer Vorzug, daß von keinem Stuhle so viele Hirten weggerissen werden, wie von dem römischen, denn der Feind weiß, was er thut. Als aber die Kirche, und mit ihr der Papst, aus den Katakomben hervorgegangen, und in das volle historische Sonnenlicht hinausgetreten, so sehen wir ihn seines Amtes in stets zunehmender Deutlichkeit und Ausdehnung warten, allgemeine Concilien durch seine Legaten leiten, für die Sitten, Gebräuche und Bedürfnisse der verschiedenen Kirchen Sorge tragen, den Hunnenkönig von Rom zurückschrecken, Barbaren in's Reich Gottes aufnehmen, die apostolischen Boten zu den Angelsachsen und Deutschen, in's ferne Skandinavien und zu den Erstlingen der Slawen aussenden, das Joch Christi den Königen auflegen, das Kaiserthum wieder auferwecken, die Welt verändern. Und zwischen allem diesen sehen wir auch, zum Zeichen, wie Gott die Dinge, in der neuen Weltordnung ohne eine ununterbrochene Folge von Wundern leiten will, einen Besitz um ihn entstehen, langsam und allmählich und geräuschlos wachsen, bis zu der Ausdehnung und Vollendung, die ihn, lange vor der Pipinischen Schenkung, zu einem wirklichen König, und zu Demjenigen macht, was das neunzehnte Jahrhundert einen Souverain nennt. Die christliche Empfindung der in die Kirche eingegangenen Völker verstand, was der Papst ist. In den großen Tagen des Mittelalters, den Tagen des nicht allein in Herzen und Häusern, auch in Staaten und Ständen, in Verfassungen und Regierungen, in Gesetzen und Gerichten, in Schulen und Universitäten, in Wissenschaften und Künsten, in Gilden und Zünften, in der Gesammtheit der Gesellschaft lebendigen und herrschenden Christenthums waren die gläubigen und liebenden Blicke der Geschlechter von allen Seiten nach Rom gerichtet. Es war dies nicht mehr völlig so in den sinkenden Zeiten des vierzehnten und fünfzehnten Jahrhunderts, welche die neue Zeit bereits in ihrem Schooße trugen, und was sie dem Glauben und seinen Werken abzuziehen begannen, den materiellen Interessen zulegten. Es wird überhaupt kaum ein vermessenes Urtheil sein, wenn man die Zeiten, welche den großen Katastrophen vorausgehen, für schlimmer achtet, als die= jenigen, in welchen sie wirklich hereinbrechen. Denn das Uebel, welches in diesem patent auftritt, ist bereits in jenen, nur latent, vorhanden, was einen zwiefachen Nachtheil hat; einmal, daß es die Geister überschleicht, und dann, daß der Kampf gegen dasselbe noch nicht oder nicht hinreichend aufgerufen ist. Das achtzehnte Jahrhundert steht in diesem Verhältnisse zur Revolutionsperiode. Wieder auf unser sinkendes Mittelalter zurückzukommen, so ist keines der unbedeutendsten Merkmale desselben eine gewisse Entfremdung der Generationen von dem römischen Stuhl. Wie aber gerade der Ausbruch der Revo= lution mit dem entwickelten Kampfe die großen politischen Geister auf der Gegenseite zur Reife brachte, und alle socia= len und politischen Wahrheiten in glänzenden Reihen, und in ihrem Zusammenhange mit aller Wahrheit vorgestellt worden sind, wie kaum je zuvor; freilich nur zur Stärkung und Er= hebung der Verständigen und Belehrbaren, ohne Nutzen für die allgemeine Gegenwart, aber etwa zum Frommen folgender Geschlechter; — ebenso hat auch damals der losgelassene Sturm und Wolkenbruch der Häresie auf der katholischen Seite wieder richtigere Verhältnisse hergestellt, wenn auch die Anstrengung der Genesenen die Welt nicht zu heilen, höchstens Heilung für zukünftige Alter vorzubereiten im Stande war. Die diessei= tigen wurden insbesondere durch die maßlosen jenseitigen An= griffe, gerade auf den römischen Stuhl, in welchen der Arche= get der Neuerung seinen Schaaren vorgegangen, und durch die richtige Betrachtung, daß dort das Herz des Lebens ist, wo die Geschosse des Feindes am constantesten hinzielen, mit neuen Kräften an den Felsen hingezogen, auf welchen die Kirche ge=

gründet ist. Es galt dies besonders von der nicht geringen Zahl der Einsichtigen und Bewußten, während die Menge, einmal in Flauheit verfallen, schwerer aus diesem, als aus vielen andern Uebeln zu erretten ist. Und daß wenigstens eine allgemeine Rettung, und an allen Orten, nicht eintrete, dafür sorgte die Iniquität der laufenden Zeiten. Unter den Beweisen für die Göttlichkeit des Christenthums ist mit Recht allezeit der diabolische Haß angeführt worden, der ihm von seinen Gegnern allerseits und allerartig, auch in der Form der bewußtesten Verleumdung, entgegengebracht wurde, anzufangen von den thyesteischen Mahlen, die man dem unwissenden Heidenpöbel der ersten Jahrhunderte vorgaukelte, bis zu den zahllosen Erfindungen, die man dem aufgeklärten Pöbel des letzten Jahrhunderts vorgaukelt. Ganz dieselbe Beweisesart kann das Pabstthum für sich gebrauchen, denn es ist wirklich die „bestverleumdete" Würde des Erdkreises. Was besonders in den drei Ländern England, Frankreich und Deutschland, vorab im ersten, hierin geleistet worden ist, würde zum Theile beim Wiederabdruck kaum Glauben finden. Namentlich die Literaturen der gedachten Länder, historische wie belletristische, hatten den Papst zum Popanz hergerichtet, die gebildete Kinderwelt damit zu schrecken. Aber fast noch mehr, als den Pabst hassen zu machen, lag dem Feinde daran, ihn vergessen zu machen. Dafür arbeiteten nicht blos häretischer Haß oder ungläubige Selbstgenügsamkeit, sondern ganz besonders auch die Eifersucht der irdischen Machthaber, und der Anspruch auf grenzenlose Herrschaft. Es war das Wort eines tiefblickenden Mannes: „Der Despotismus kann das Fleckchen im Herzen der Unterthanen, welches Gott allein gehören will, nicht dulden, und ist darum allezeit ein Unterdrücker der Kirche. Er ist überall, wo dieses Merkmal eintritt, und ist nirgends, wo es nicht eintritt." — Thoren diese Gewaltlustigen! — „Seit die Völker nichts über den Königen sehen, haben sie sich selbst

an diese Stelle gesetzt," hat ein anderer weiser Mann gesagt.
— In Ländern, welche in den statistischen Jahrbüchern als
katholisch aufgeführt waren, wurde die Verbindung der Gläu=
bigen, der Bischöfe mit dem obersten Hirten durch förmliche
Gesetze abgeschnitten. Die Worte des Hirten aber wurden an
den Grenzen durch das Placet confiscirt. In den Katechismen
ging man über den Artikel von dem sichtbaren Stellvertreter
Jesu Christi mit wenigen Worten wie über Eiern hinweg.
Das Volk sah Nichts mehr vom Papst und hörte Nichts vom
Papst, und behielt von ihm nur eine dumpfe Erinnerung, unter
andern durch den täglichen Nachmittaggottesdienst, dem aber
die Wenigsten beiwohnten, und bei welchem der Priester vor=
betete: „Lasset uns beten für unsern obersten Hirten N."
worauf dann das Volk zu antworten hatte: „Der Herr mache
ihn lebendig und selig auf Erden, und übergebe ihn nicht in
die Hände seiner Feinde." — Denn den Zusammenhang per
suffragia et preces wollte man huldvoll noch erlauben.

Aber allezeit, wenn die Erde im Tode zu liegen scheint,
und Gebeine die Felder bedecken, da rührt die Hand von oben
an diese Gebeine, und es bereitet sich eine Auferstehung.
Eines der ersten hieher gehörigen Anzeichen war das Wort des
englischen Ministers Pitt in den Tagen des allgemeinen Feuer=
brandes, womit die Grundsätze und Thaten der französischen
Revolution die europäische Ordnung und Gesittung bedrohten.
„Gegen diesen neuen Islam bedürfe es eines allgemeinen
Kreuzzugs aller christlichen Völker, und an der Spitze dieses
Kreuzzugs müsse der Papst stehen." — Das war ein uner=
wartetes Wort, von unerwarteter Stelle gesprochen. Dieser
große Verstand hatte durch alle Nebel seiner Zeit und seines
Landes durchgesehen, und er scheute sich nicht, zu verkünden,
was er gesehen hatte. — Um dieselbe Zeit regte sich in
Deutschland ein Gefühl von historischer Gerechtigkeit, und die
Einsichtigeren und Besseren entrüsteten sich ob der erkannten

Fälschungen der eigenen und der großen Geschichte, so daß sie zu einiger Richtigstellung Hand anlegten. Diese Versuche gingen zuerst von redlichen Protestanten aus, denn das katholische Deutschland lag in diesen seinen schlimmsten Zeiten, was seine gebildeten Schichten angeht, in träger Gleichgültigkeit, in febronianischer und josephinischer Versumpfung begraben. Den ersten Wurf hat wohl Johannes Müller mit seinen „Reisen der Päpste" gethan. Ein entschiedenerer Schritt war das „Leben Gregors VII." von Johannes Voigt. Das Buch war so großartig und vortrefflich, als es von einem nicht katholischen Standpunkte immer sein konnte, und die aufgeklärte Welt stand davor, mit offenem Munde, in komischer Verblüffung, weil es das ordinäre Gerede völlig in's Gesicht schlug, weil es eine bis zum Unhold verzerrte Gestalt in ihrer vollen Erhabenheit und Schönheit zeigte, und weil mit der hier sprechenden Gelehrsamkeit nicht leicht anzubinden war. In Deutschland war damit das Eis gebrochen, andere Arbeiten hatten sich die gewonnene Belehrung sichtlich zu Nutzen gemacht, und, mit Ausnahme der Pöbelliteratur, enthielt sich Jedermann wenigstens der alten Tonarten. Was später geschehen ist, beschäftigt uns hier nicht. — Ein in der neuen Geschichte wahrhaft Epoche machendes Werk — wir meinen nicht bloß in der geschriebenen, sondern auch in der geschehenden, — kam uns aber aus Frankreich oder über Frankreich, von der Hand des bereits genannten, verehrungswürdigen Grafen Maistre. Man sieht, es ist das Buch „Du Pape", von dem wir reden. Gleich allen rechten Schriften und Thaten ist es nicht unter ephemeren Beifall der Zeitgenossenschaft aufgetreten, und hat seine Wirksamkeit, und zum Theil sein rechtes und ganzes Verständniß der Zeit überlassen; nicht umsonst ist es, während der letzten Concilsverhandlungen, von der guten Presse wiederholt gebraucht worden. Daß es aber auch alsobald, und fast unmittelbar nach seinem Erscheinen den sichern Weg zu un-

verschlossenen Herzen gefunden, mag eine Episode aus dem
Congreß zu Laybach (1821) darthun, die wir aus sicherer
Quelle wissen, und da wir sie unter den Lebenden vielleicht
allein noch wissen, so mag sie hier verzeichnet stehen, denn sie
verdient nicht, vergessen zu werden. — Während der Dauer
des gedachten Congresses also war Kaiser Alexander, wir
wissen nicht durch welchen Zufall, über das Buch Du Pape
gerathen. Es war aber dieser Fürst im höchsten Grade Dasjenige, was die Franzosen mit einem guten Worte impres-
sionable nennen. Der Eindruck des Buches auf den Kaiser
war ein unbeschreiblicher. Und Alexander kannte den Grafen
so gut, und achtete ihn noch von Petersburg her; das Buch
aber schien wie ein letztes Vermächtniß des großen und edlen
Geistes, denn die Soirées de Saint-Petersbourg waren damals noch nicht gedruckt. Auf des Kaisers Anbringen mußten
alle Fürsten und Minister des Congresses das Werk lesen, so
daß damals die Rede ging, zu Laybach seien zwei große Dinge
geschehen, erstens sei der Krieg gegen Neapel beschlossen worden, und zweitens habe die ganze diplomatische Gesellschaft das
Buch Du Pape gelesen. Auch ein anderer Zug zeigte die damalige Empfindung Alexanders als eine vollkommen katholische.
Spätere Impressionen thaten allerdings den hier gedachten
Eintrag; aber nach bestimmten Nachrichten, die uns aus
Petersburg und Rom zugekommen sind, würden wir es nicht
wagen, die Behauptung Derjenigen, welche den Kaiser Alexander im Glauben der katholischen Kirche sterben lassen, als
eine allzu hoch fliegende Hypothese abzuweisen.

Das war Alles wieder redliche Menschenarbeit, aber das
Beste mußte abermals die Kirche, das heißt hier, der Papst
selbst thun, oder vielmehr Gott that es an ihm. Es geschah
wiederum auf den gewöhnlichen Wegen Gottes mit seiner
Kirche. Noch ehe die Menschen solche Bücher geschrieben,
sind zwei Päpste nach einander die Wege eines langsamen

Martyriums gegangen. Der Eine, von seinem Thron ge-
rissen, und einundachtzigjährig in eine barbarische Gefangenschaft geschleppt, vollendete im Elende zu Valence die längste
päpstliche Regierung zwischen dem heiligen Petrus und Pius IX.
Dem Zweiten war ein langjähriger Kreuzweg unter den grau-
samsten und verschiedenartigsten Quälungen und Herzensäng-
sten, aber doch ein endlicher Triumph bestimmt. Der erste
Angriff, von unerwarteter Seite, fast unmittelbar nach seiner
Wahl (März 1800, im Conclave zu Venedig) kam ihm durch
den österreichischen Minister. Derselbe hatte einen Special-
gesandten nach Venedig geschickt, anscheinend den neugewählten
Papst zu beglückwünschen, in der That, um ihm die Cession
der Legationen in der Romagna an Oesterreich anzusinnen,
welche dem vorigen Papste von den Franzosen abgepreßt und
an die Cisalpinische Republik überlassen worden waren, gegenwärtig, nach dem glücklichen Feldzuge von 1799, sich in
Oesterreichs Händen befanden. Der Träger dieser Zumuthung
war ein junger Marchese Ghislieri, aus Bologna, geborner
päpstlicher Unterthan, und vielleicht aus der Familie des heiligen Papstes Pius V., aber in österreichischen Diensten. Die
Antwort des Papstes war sehr merkwürdig: „Der Kaiser
möge sich hüten, fremde Kleidungsstücke in seinem Kleider-
schranke aufzuhängen; sie könnten seine eigenen Kleider an-
fressen und verzehren." — Das Attentat gehörte jedoch ganz
eigentlich dem Minister, vielleicht selbst ohne Vorwissen des
Kaisers. — Der jugendliche Gesandte war sehr verwundert
über die Ablehnung des Papstes, und meinte, derselbe sei noch
„neu in seinem Metier." Aber nach wenigen Wochen hatte
die Schlacht bei Marengo das Angesicht der Dinge in Italien
auf das Gründlichste verändert, und der dort noch anwesende
Ghislieri bekannte unverhohlen, „der Papst könne doch wohl
Recht gehabt haben." — Das war jedoch nur ein leichtes
und vorübergehendes Vorspiel zu den ungeheuren Forderungen

und Peinigungen, die an eben diesen Papst herankommen sollten. Die zart besaitete Seele Pius VII. war mit dem Manne von eisernem Willen und eisernem Herzen an einander gerathen. Allein nie war es handgreiflicher geworden, daß Gott die Schwachen und Demüthigen erwählt, um die Starken dieser Welt zu Schanden zu machen. Die Fabel von den beiden Töpfen ist in umgekehrter Weise historisch geworden; hier zerschellte der eiserne Topf an dem irdenen. Sollen wir die Geschichten alle von Neuem erzählen, die Jedermann kennt, anzufangen von den ersten Anregungen des Concordats, durch alle Wechselfälle und Quälungen dieser Verhandlungen, den großen beabsichtigten, aber vereitelten Betrug bei der Unterschrift mit eingeschlossen; den schnöden Bruch des eben eingegangenen Vertrags; die lügenhaften Vorspiegelungen, den Papst aus Rom zur Krönung nach Paris zu ziehen, und die würdelose Behandlung desselben während seiner Anwesenheit daselbst; die Pressionen des Mächtigen auf den machtlosen Beherrscher des Kirchenstaates um politische oder kriegerische Allianzen; die Prätension einer kaiserlichen Ueberherrlichkeit über den päpstlichen Besitz als Vasallenstaat; das imperiöse Drängen auf Entlassung päpstlicher Minister, die dem Kaiser mißfielen; die Wegnahme eines Theils des Kirchenstaates; endlich die Besetzung von Rom, die Entthronung des Papstes und Wegschleppung desselben in eine fünfjährige Gefangenschaft, voller Mißhandlungen und Gewissenstorturen? Zwischen allem Diesen bestand der milde Charakter des Papstes in seinen Rechten und Pflichten unerschütterlich, und wenn er in einem Augenblick der höchsten Noth zu schwanken schien, so war es nur, um sich im nächsten Augenblicke desto höher zu erheben, und dem Dränger die Demüthigung zu hinterlassen, daß es doch einen Willen in der Welt gab, den er zu beugen außer Stande war. Es wäre dies ein würdiges Schauspiel für die Blicke aller lebenden Geschlechter gewesen; aber die Völker

lagen in eigenen Schmerzen darniebergebeugt, sie waren ent-
wöhnt, auf den Papst zu schauen, und sie erfuhren das Meiste
erst nach der Hand, als vergangene Geschichte. Ein Volk
jedoch verfolgte jene Vorgänge, in seinem einsichtigeren Theil,
mit gespannter Aufmerksamkeit; es war das Volk von England. Standhafter Mannesmuth erregt in jenem Lande allzeit
Interesse; daß jener Muth gerade gegen Napoleon gerichtet
war, steigerte das Interesse zur Sympathie, und gewisse Par-
ticularitäten erhöhten jene Sympathie zu einem eigenthümlichen
Wohlwollen. Man wußte nämlich in England sehr gut, daß
der Papst auch auf die mindeste politische Forderung des Kaisers, einer ständigen Allianz wenigstens gegen die „ketzerischen"
Feinde Napoleons, und Schließung seiner Häfen vor denselben,
nicht eingegangen war. Darum kreuzte bereits, als die Kata-
strophe in Aussicht stand, ein englisches Schiff an den Küsten
des Kirchenstaates, mit der Absicht, den Papst zu retten. Als
aber der Dränger dahin gelangt war, wohin er sich selbst ge-
führt (die fremden Kleider hatten alle die seinigen, und ihn
selbst mit aufgefressen) und die Welt sich zu neuen Ordnungen
einrichten wollte, da ging ein römischer Cardinal, in seiner
Eigenschaft als solcher, mit englischem Passe über den Kanal,
ward in den Straßen von London mit neugierigen, aber nicht
unholden Blicken angesehen, von dem Prinz = Regenten aber
(nachmaligen König Georg IV.) mit höchster Auszeichnung in
mehrfachen Audienzen zu London und zu Windsor empfangen.
Freilich war es der Cardinal Consalvi. Der Prinz = Regent
unterhielt sich mit dem Cardinal über viele allgemeine politische Fragen (Consalvi berichtet in seinen Memoiren eine besonders merkwürdige Aeußerung über die Preßfreiheit, die der
Prinz für England natürlich, für den Continent, wo bereits
allerlei Stimmen deren Einführung beantragten, gefährlich, ja
verderblich achtete), und fand an der neuen Bekanntschaft so
viel Geschmack, daß er sie in einem fortlaufenden Briefwechsel

cultivirte. Noch über dem Sarge des Carbinals (Jänner 1824) war der letzte dieser Briefe in Rom eingetroffen, wie gewöhn=lich unterzeichnet: „Your friend, George R." Bei dem Ab=gange Consalvi's zum Wiener=Congresse gab aber der Prinz=Regent seiner Botschaft die Weisung, alle Forberungen des Carbinals auf dem Congresse zu unterstützen, „denn er werde nur Gerechtes forbern."

Auf diesem Wiener=Congresse also warb der, wie man sich ausbrückte, ganze Kirchenstaat dem Papste zurückgegeben. Zuerst die englische, sobann die russische, darnach selbst die preußische Gesanbtschaft unterstützten die Forberungen. Aber Frankreich behielt Avignon, Oesterreich die schmale Provinz Polesine am linken Poufer. Es schien dies wenig, allein die Lehre von den fremden Kleibern im eigenen Schranke ist doch an beiden Besitzern wieder in Erfüllung gegangen. — Der Bemerkung werth ist noch die doppelte Protestation des Car=binals Consalvi gegen das Congreß=Protokoll, weil erstens unter vielen Restaurationen keine Restauration der Kirche in ihre Besitzungen erfolgt, unb zweitens das römische Kaiser=thum nicht wiederhergestellt worden sei.

Der Papst aber war nach Rom zurückgekehrt, unb war eine Zeit lang Gegenstanb einer besonderen europäischen Auf=merksamkeit. Man erfuhr allmählich alle mysteria iniqui-tatis der jüngst vergangenen Jahre, unb die nach Rom gerich=teten Blicke waren wieder Blicke der Ehrfurcht. Die erwähn=ten Schriften kamen bamals zur rechten Zeit, unb die Völker fingen wieder an zu lernen, was sie an Rom hatten. Damit leitete sich eine neue Form von Verhältnissen ein; die Welt mußte sich entschließen, den vergessenen Papst in die Zeitge=schichte aufzunehmen, unb mit ihm zu rechnen. Das geschah freilich in ihrer betrügerischen Weise. Aber mochte man auch in den Privatgesetzgebungen verschiedener Länder (von dem all=gemeinen christlichen Recht unb Gesetz war natürlich noch

immer keine Rede) den Gerechtsamen und der Freiheit der
Kirche in aller Weise Abbruch zu thun sich bemühen, oder in
unredlich geschlossenen Concordaten Mittel suchen, neue Ver=
letzungen unter der Form von Gewährungen zu verbergen,
oder mochte man in vielen kleinen Thaten zu erreichen suchen,
was in großen Maßregeln vorzeitiges Aufsehen erregt hätte;
— Eines blieb unmöglich zu erreichen, die Aufmerksamkeit der
Völker von Rom und der Kirche wieder abzulenken. Dieselbe
steigerte sich vielmehr in dem Maße, als die Tage fortliefen,
und die Veranlassungen sich häuften. Und als die Zeiten
wieder auffällig niedergingen, da erreichte sie durch ein beson=
deres Ereigniß, überhaupt einen wichtigen Wendepunkt der
Kirchengeschichte des neunzehnten Jahrhunderts, die höchste
Spannung. Wir meinen das Ereigniß, welches der große
Görres, nach Beilegung der Sache, mit einem zugleich zarten
und doch richtigem Worte als die „Kölner=Irrung" bezeichnete.
Ein edler König hat aus dieser rechtlichen und politischen Ver=
irrung den Ausweg gefunden, aber die Folgen für das katho=
lische Volk blieben stehen, und sie waren, gleich den Wirkun=
gen aller Martyrergeschichten, von der Art, daß Einer scherz=
haft sagen konnte: „Wenn Diejenigen, so die Sache angezet=
telt, dergleichen Wirkungen beabsichtigt hätten, so verdienten
sie nicht weniger, als die Kanonisation." — Völker sind, gleich
dem weiten Meere, schwer in Bewegung zu setzen, zumal,
wenn sie in die Stille der Trägheit gerathen sind, und so
konnte es wohl sich ergeben, daß trotz Allem, was geschehen
war, und trotz allen Wiederbesinnungen erregterer Geister und
Geistersphären die schweren Massen noch nicht zu hinreichender
Erkenntniß und Empfindung gelangt waren. Das Kölner=
Ereigniß war die letzte Sturmglocke. Da begriffen Alle und
erglühten Alle. Das Wort des ergriffenen Erzbischofs: „Gott
sei Dank, jetzt ist Gewalt" — auch ein geflügeltes Wort von
der größten und immer wieder neuen Bedeutung — flog durch

alle deutschen Gaue, durch alle betroffenen und benachbarten
Länder. Auch in Oesterreich ist damals das viele Jahrzehente
alte Eis zuerst aufgethaut, und geriethen viele richtige Ver=
ständnisse, Gesinnungen und Handlungen wieder in Fluß. Und
der Segen dieser Ermannungen ist nirgends verloren gegangen;
was auch immer wieder dazwischen gekommen, und wenn auch
Asche die frische Gluth zu bedecken schien — ein neuer Wind=
stoß hat sie alsobald allenthalben hinweggefegt, und das erhal=
tene Feuer dahinter brennt in seiner Stärke weiter, wenn auch
noch nicht allen fremden Augen sichtbar, doch den Erwärmten
fühlbar. Abermals aber war es der Papst, der dieser er=
frischten Bewegung des katholischen Lebens Anhalt und Stärke,
selbstbewußte Berechtigung und Vollendung gegeben. Denn
mit der Allocution Gregor's XVI. vom December 1837 hatte
die Welt über das Geschehene zuerst reine und vollständige
Kunde, Maßstab und Verständniß gewonnen. Und als der=
selbe Papst einer andern Großmacht, damals der größten und
gefürchtetsten von allen, in strenge strafender Rede ihre Unge=
rechtigkeiten gegen das Haus Gottes vorgehalten, da erquickten
sich die Völker, und erkannten mit Trost den Wächter auf der
höchsten Zinne, dessen Worte binden, was Niemand lösen
kann. Aber die Fügungen gingen noch weiter, und es war
wieder dem nämlichen Papste gegeben, dem Gewaltigen des
nämlichen Reiches seine Vorwürfe von Angesicht zu Angesicht
zu wiederholen. Was in jener Stunde vorgegangen, das hat
kein Mensch des Näheren erkundet, denn der Kaiser hat nicht
davon gesprochen, und der Papst hat nur geäußert: „Ich habe
ihm Alles gesagt." — Augenzeugen aber haben berichtet, daß
der Ausdruck des Kaisers bei seinem Hinweggange von der
Unterredung kein triumphirlicher gewesen, daß er vergessen
habe, seinen Hut aufzusetzen und seinen Wagen zu erwarten,
sondern demselben entgegengeschritten sei.

Das war ein großes Papstthum. Und hinter demselben

kam wieder ein anderes, schon über ein Vierteljahrhundert, von
päpstlicher Thaten und päpstlicher Leiden. Das ist nicht da-
gewesen seit dem heiligen Petrus, und ist ein wichtiges Zeichen,
das Gott gegeben hat. Denn es ist Niemand, der den Menschen das Leben, und den Regierungen die Dauer mißt, als
Gott. Und es wird währen, bis es Alles ausgerichtet hat,
was ihm Gott aufgegeben. Wer wird es unternehmen, den
Inhalt dieses Pontificats darzustellen? Mit Schilderungen ist
da Nichts gethan. Denn in jeder Schilderung steckt der
Schildernde mit darin, und der soll draußen bleiben. Eines
wünschen wir. Denn daß wir den Papst, den Gott uns gegeben hat, recht vollständig und so zu sagen innerlich kennen
zu lernen verlangen, ist ein erlaubtes Begehren. Wir wünschen also, daß Jemand den guten Gedanken hätte, das heißt,
ausführte, die sämmtlichen Ansprachen Pius' IX. bei feierlichen
und nicht feierlichen Gelegenheiten, die letzten vielleicht noch
sorgfältiger, als die ersten, und am allersorgfältigsten die aller-
jüngsten des gefangenen Papstes, die in vielen Zeitdocumenten
zerstreut liegen, zu vereinigen, und der Welt in ihrem Zusammenhange zu übergeben. Das wäre eine Schilderung des
Papstes aus seiner eigenen Seele, ja aus seinem innersten
Herzen. Denn auch das haben die Zeiten gebracht, daß der
Papst und seine Römer sich auf das Allervertraulichste nahe
getreten sind. Er ist fast zum regelmäßigen Sonntagsprediger
seiner unmittelbaren Diöcesanen geworden. Die Unterthanen
des Papstes kommen nämlich an den Sonntagen pfarrenweise
in den Vatikan, dem obersten Hirten ihren Glauben, dem
Könige von Rom ihre Treue zu bezeigen, und der Papst ant-
wortet ihnen meist mit Worten aus dem Evangelium des
Tages, in Anwendung auf ihre und der gegenwärtigen Weltlage und Pflichten. Nie war der König königlicher, noch die
Unterthanen hingegebener. Der Eindruck jener außerordentlichen Worte aus dem lebendigen Munde des Redenden läßt

sich ermessen, da sie schon auf den fernen Lesenden eine Wirkung
hervorbringen, ähnlich derjenigen, der einmal ein Cardinal mit
Anwendung einer Schriftstelle Ausdruck gab: „Zu wem sollen
wir gehen? Du hast Worte des ewigen Lebens!"

Wir haben es gesagt und werden es immer wiederholen:
Eine Hauptaufgabe der Geschichte dieser laufenden Zeiten, eine
Aufgabe, die Gott ihr auferlegt, und die sie darum erfüllen
wird, ist, den Papst wieder deutlich zu machen. Ja, diese
Aufgabe ist schon zum größten Theile erfüllt. Wie in den
allerchristlichsten Zeiten des Mittelalters ist der Papst wieder
Mittelpunkt der allseitigen, liebenden oder feindlichen Gedanken.
Das Licht steht wiederum auf seinem Leuchter. Sie können
ihn schmähen, sie können ihn berauben, sie können ihn gefangen
halten, sie können ihn peinigen, aber sie können ihn nicht mehr
verstecken.

Und daß es so gekommen ist, dazu haben die Feinde das
Meiste gethan. Mehr als alle anderen Manifestationen haben
die Verfolgung, und der Haß, und der Ingrimm, und die
Gewaltthätigkeit, und die zwischen allem Diesem kundgegebene
Angst, und das zitternde böse Gewissen seiner Feinde den Papst
erhoben. Es ist wahr, zwischen der Welt und der Kirche ist
Krieg, seit Christus unter den Menschen erschienen ist. Die
Leidensgeschichte des Erlösers setzt sich mit allen ihren Um-
ständen, in allen ihren Zügen, mit allen ihren Charakteren,
in ihrem ganzen Detail, durch die langen Jahrhunderte der
Kirchengeschichte fort. Wie sie den persönlichen Christus ohne
Ursache gehaßt haben, so auch den in seiner Kirche fortleben=
den. Aber bei der Continuität dieser Erscheinung darf den=
noch bemerkt werden, daß der Streit in gewissen Epochen und
Zeitfristen einen acuteren Charakter annimmt, und daß unter
diesen die laufende alle bisher dagewesenen zu überbieten scheint.
Alle Seiten und Gewalten der Gesellschaft, alle herrschenden

Meinungen und Begierden, alle entgleisten Wissenschaften und mißbrauchten Künste, alle industriellen und mercantilen Vortheile, alle neugebildeten Stände, alle, seit die Welt in Unordnung gerathen, neugeschaffenen, künstlichen Beziehungen der besorganisirten Menschheit; — alle diese und noch tausend andere Dinge und Verhältnisse stehen für Belial und gegen Christus. Die aber das Schwert empfangen haben zur Rache gegen die Uebelthäter und zur Beschützung der Wohldenkenden, gebrauchen es nicht selten zum Troste der Schlechten und zur Unterdrückung der Guten. Wer die laufenden Zeitgeschichten mit den Augen des Fleisches ansieht, von dem ist es ganz natürlich, daß er die letzte Stunde der Kirche gekommen hält.

In einem jeden Kriege aber hätte jene Partei, welche den Ausgang des Krieges mit Gewißheit vorauswüßte, schon dadurch allein einen unermeßlichen Vortheil. In diesem Vortheil ist die Kirche allezeit. Ein großer Feldherr hat einmal in seiner Bescheidenheit gesagt: „Ich verstehe die Schlacht zu schlagen, aber nicht eben so den Krieg zu führen." Das Factum war auch, daß er viele glänzende Schlachten gewonnen, aber, vielleicht ohne seine Schuld, keinen Krieg siegreich beendet hat. Die Lage und die Geschicke der Kirche sind die völlig entgegengesetzten. Die Kirche kann hundert Schlachten verlieren, aber den Krieg wird sie allezeit gewinnen. Sie verliert auch ihre Schlachten nicht, oder nicht allezeit, durch Schuld ihrer Heerführer, sondern weil ihr oberster Kriegsherr ihr diese Niederlagen als eben so viele Siege gefügt hat. Das verstehen freilich die Kinder der Welt nicht. Denn die Kinder der Welt sind nur klug in ihrer Art; die großen Verständnisse und die Lehren der Weisheit sind aber nicht ihrer Art, und sie sind hierin, wie man euphemistisch zu sagen pflegt, einigermaßen blind, oder das rechte Wort ohne Umschweife ausgesprochen, vollkommen dumm. Vielleicht kommt man ihrem Begriffsvermögen einigermaßen zu Hülfe, wenn man die Ver-

lufte der Kirche als thermophlifche Niederlagen bezeichnet,
welche die Genoffen erheben und die Perfer erschrecken, die
Gewinnfte ihrer Gegner aber als Pyrrhuffiege, welche mit
dem Abzuge des Feindes aus Italien abschließen. Warten
kann die Kirche auch, so gut wie die Spanier, von denen
Einer einmal anno 1808 einem übermüthigen französischen
Offizier auf die Frage, ob sie denn wirklich glauben könnten,
die welterobernden Franzosen aus ihrem Lande zu verdrängen,
die Antwort gab: „So bald wird uns das nicht gelingen,
das sehen wir schon ein; mit den Mauren haben wir acht=
hundert Jahre gekämpft; endlich haben wir sie doch hinaus=
gebracht." Wenn der Franzose Verstand gehabt hat, so muß
ihm diese Antwort zerschmetternd gewesen sein. Mit Leuten,
die auf achthundertjährigen Widerstand gefaßt sind, ist Nichts
anzufangen. Die Sache in Spanien dauerte aber damals
nur fünf Jahre. — Auch die Kirche ist auf mehrhundertjährige
Kriege gefaßt, und darin erfahren. Aber auch nicht selten
trifft ihre Feinde rasche Vergeltung. Nach dem Falle des
abtrünnigen Julian, der die junge Kirche eine kleine Weile
bedrängt hatte, warf ein Heide den Christen vor, sie gäben
ihren Gott ganz ungehörig für langmüthig aus, denn Nichts
sei schneller, als seine Rache. — Erzählen wir ein mehr er=
heiterndes Beispiel aus jüngerer Vergangenheit. Unter den
josephinischen Verordnungen in ecclesiasticis, wie man zu
sagen pflegte, befand sich auch eine solche, welche einige dem
System unliebsamen Stellen in den priesterlichen Brevieren
zu verkleben (nach dem Dialekte „zu verpappen") anbefahl.
Diese Maßregel muß doch auch schon der nächsten Generation
zu lächerlich erschienen sein, denn die Operation scheint weiter=
hin nicht vorgekommen, bis die oberste Censurbehörde zu An=
fang des Jahres 1848 der alten Verordnung „plötzlich und
schrecklich" gedachte, und deren erneuerte Execution vorschrieb.

5 *

Da war man nun im Bücherrevisionsamte glühenden Eifers mit „Verpappung" von Brevieren beschäftigt, eben als die Ereignisse des Märzmonats hereinbrachen, und diese unwürdige Censur selbst „verpappten". — Schrecklicher ist das Beispiel einer eilenden Vergeltung, das nahe an die Wiege des Christenthums hingestellt ist, dessen Umstände und Bedingungen aber mit denjenigen unserer laufenden Zeiten in furchtbarer Aehnlichkeit sich darbieten. — Herodes Agrippa war durch die Gunst des Kaisers Caligula König der Juden geworden. Diesen zu Gefallen ließ er den ersten Papst in Ketten werfen, nachdem er zuvor, aus demselben Grunde, den Apostel Jakob den Größeren, den Bischof von Jerusalem, hatte tödten lassen. Ohne Zweifel war dem heiligen Petrus ein gleiches Loos bestimmt. Wie derselbe aus den Ketten errettet wurde, weiß jeder Christ. Der König aber begab sich unmittelbar darauf nach Cäsarea, Spielen beizuwohnen, die er zu Ehren des Kaisers Claudius veranstaltet hatte. Dorthin hatte er auch die Abgeordneten mehrerer Städte bestellt, die für Verschuldungen seine Gnade anzuflehen gekommen waren. Er empfing sie auf dem offenen Theater, umgeben von seinem Hofe, vor dem zahlreich versammelten Volke, in lange nicht gesehenem königlichen Prunke. Sein Oberkleid war von Silberflitter, der, im vollen Sonnenstrahl, bei jeder Bewegung einen magischen Eindruck machte. Der König hielt eine wohlgesetzte Rede an die Abgeordneten. Als er geendet hatte, riefen diese, und ein großer Haufen Schmeichler aus dem Hofe und Volke: „Das sind nicht Worte eines Menschen, sondern eines Gottes!" Alsobald aber krümmte sich der König, denn „ihn schlug," erzählt die Apostelgeschichte, „der Engel des Herrn, weil er Gott nicht die Ehre gegeben, und er starb, von Würmern zerfressen" desselben Todes, den auch sein Großvater, der sogenannte große Herodes, gestorben war. „Das Wort Gottes aber wuchs, und breitete sich aus."

Was wollen denn diese Fürsten, die den Papst verfolgen?
— Wollen sie ihn verherrlichen? — Sie thun es, aber sie
wollen es nicht. — Wollen sie sich an dem Raube des heiligen Vaters bereichern? — Auch das ist wenigstens nicht die
einzige und nicht die letzte Meinung, nicht einmal dort, wo der
Raub bereits vollbracht ist, schon gar nicht anderswo, wo ihn
natürliche und geographische Verhältnisse ausschließen. — Oder
beneiden sie, nach Despotenart, den Papst um seine Autorität
über die Gewissen, und glauben, ihr Staatsansehen auf's Höchste
anzuschwellen, wenn sie das Ansehen der Kirche in den Gemüthern ihrer Unterthanen ersticken? — Aehnliche Gedanken
sind ehedem wohl gehegt worden, und es mag sein, daß man
sich noch hie und da, mehr oder minder bewußt, mit einer
solchen Rechnung trägt; aber die Rechnung wäre sehr kläglich.
— Denn das Attentat gelingt entweder, oder es mißlingt.
Im ersten Fall gewinnen sie ein Volk von wilden Bestien,
welche sich Alle unter einander, und ihre Fürsten zuerst, auf-
fressen werden. Im zweiten Falle erwerben sie ein Volk von
Unzufriedenen, in ihrem tiefsten Herzen Verwundeten, und, wie
sie wohl wissen, von ihren Fürsten Verwundeten. Ueber ein
solches Volk läßt sich, bei aller Loyalität desselben, nicht
regieren. Unter Umständen mag eine Republik auf einem
Apparat und Gebälk von Gesetzen beruhen können; die Mon-
archie, welche den göttlichen Ordnungen näher steht, lebt von
den höheren Potenzen des Glaubens und der Liebe. Der
Unterthan, welcher seinen Monarchen nicht mehr liebt, ihm
nicht mehr vertraut, hat ihn schon in seinem Herzen abgesetzt.
Ohne Zweifel werden alle Wohlgesinnten unter allen Umständen ihre Pflicht thun. Aber die Pflicht ist kalt; sie kennt und
bemißt ihre Grenzen. Die Liebe mißt nicht und thut Alles,
was sie vermag.

Die allgemeine Verblendung der Staaten in diesen laufenden Tagen bietet ein überaus trauriges Prognosticum der

Zukunft. Sie ist eben so vollständig als allgemein, von der Spontaneität des mächtigsten Reiches angefangen, welches, indem es eigentlich noch nicht existirt, vielleicht noch eigentlicher schon nicht mehr existirt, bis zur Passivität der Schwachen und Muthlosen, welche mit der kirchenfeindlichen Strömung lieber nicht mitgingen, aber aus Furcht dennoch mitgehen. Wie ist doch die menschliche Art und Natur im Kleinen wie im Großen stets dieselbe, und leicht berechenbar ihrem Feinde! Selbst die gescheidesten Individuen, und welche ihren Vortheil in allen Verhältnissen mit dem ausgezeichnetsten Scharfsinn zu erkennen und zu berücksichtigen verstehen, verlieren im Verhältnisse zu Gott, wenn sie ihm nicht vollständig angehören wollen, alsobald Scharfsinn und Verstand. Sie könnten es aus der Erfahrung abnehmen, und wenn sie auch nur todten Glauben haben, so müssen sie es wissen, daß die Sünde die allerunklugste und schädlichste Handlungsweise ist — und was thun sie? — Den Staaten aber liegt eine im hellsten Lichte sichtbare und greifbare Geschichte — fast wie eine plastische Landkarte — vor Augen, in welcher die sichersten Wege verzeichnet sind, auf denen die Staaten zu Grunde gehen, die Trümmer der zu Grunde gegangenen liegen um sie her, und der zuletzt gekommene Staatsmann fährt immer wieder die nämlichen Wege, und glaubt allein dem Gesetze zu entrinnen.

Furorne coecus, an rapit vis acrior?

Wir müßten blinder, als diese sein, wenn wir die tiefschwarzen Wolken, welche über dem Horizont der Gegenwart hangen, übersehen könnten. Und den beunruhigenden Erscheinungen schreiten die Ahnungen der Geschlechter um ein Gutes voraus. Es kann Niemands Aufgabe sein, die Mitlebenden mit Schreckbildern zu ängstigen, die vielleicht zum Theile in seinen Vorstellungen ihre Wurzel haben, aber Jedermanns Aufgabe, auf Alles, was kommen kann, gefaßt zu sein, und eine solche Fassung zu empfehlen. Niemand aber kann sich fassen, außer in Gottes Kraft.

Alles führt auf den Gedanken, daß Gott sich diesem Geschlechte wieder nähern will. Und wenn er auch im Sturme kommt, so ist seine Wohnung doch im Säuseln. Aus keinem andern Grunde, als weil er sich zeigen will, hat er den Papst so hoch gehoben. Es geschah nicht um der Person des Papstes oder der Päpste willen. Der Papst ist, was er sich nennt, der Knecht der Knechte Gottes. Der Herr hat den Diener zu seinen andern Dienern vorausgeschickt, die Wege, die zu ihm führen, zu bereiten. Denn wie der Weg zum Vater durch den Sohn geht, so geht der Weg zum Sohne durch seinen Stellvertreter. Es gibt allerdings noch einen andern Weg zum Sohne, als durch den Papst — wir sprechen keine Ketzerei — nämlich durch die Mutter. Wenn der Papst, so zu sagen, der große, officielle Weg zu Christus ist, so ist Maria das Hinterpförtchen. Und Manchen ist es gegeben, das Hinterpförtchen eher zu finden, als das große Portal. Ein ehrwürdiger Convertit hat einmal gesagt, Gott habe dem heiligen Petrus das Netz übergeben, aber sich die Angel vorbehalten. Diese Angel selber aber lenkt er gewöhnlich durch die Hände Mariens. Allein die beiden Wege sind Einer; Maria weist alle ihre Schützlinge an den Papst, und der Papst seine Kinder an Maria. Maria und der Papst sind der volle Ausdruck der wahren Religion Jesu Christi; durch ihr Bekenntniß unterscheiden sich die Katholiken von Allen, die sich sonst noch Christen nennen. Die vollständige Lehre von der Gottesmutter und dem Stellvertreter Christi geht unzertrennlich durch alle Jahrhunderte der katholischen Kirche. Der römische Stuhl hat allezeit die Ehre der Himmelskönigin unter den Menschen zu mehren gesucht, und Maria hat ihm die Ehre zurückgegeben. Der regierende Papst hat durch Verkündigung des Glaubenssatzes von der unbefleckten Empfängniß der Glorie der Mutter

Gottes auf Erden gleichsam die letzte Krone aufgesetzt, und Maria hat durch den vatikanischen Beschluß die Würde des Statthalters ihres Sohnes in ihrer höchsten Verklärung zeigen lassen.

Gehen wir nicht unbedachten Herzens vorüber an den großen Thaten Gottes über dem lebenden Geschlecht. Man darf wohl sagen, daß viele Geschlechter und Heilige dergleichen zu sehen gewünscht haben, was wir sehen, und nicht gesehen haben. — Deuten so große Werke nicht auf große Absichten Gottes mit diesem Geschlecht? Will er uns durch außerordentliche Gnaden zu außerordentlichen und entsetzlichen Kämpfen und Schmerzen vorbereiten? — Oder will er anzeigen, daß das Ende der Kämpfe nahe ist, und spricht er neuerbings zu uns, als König des Friedens, seine letzten Worte in der Apokalypse: „Ich komme bald!" — Oder Beides zugleich? — Meinen wir Nichts, überlassen wir uns blind seiner Führung, sehen wir nur zu, daß unsere Sünden seine Ankunft nicht verzögern, und antworten wir ihm mit dem Apostel auf Pathmos: „Ja komm, Herr Jesus!"

www.ingramcontent.com/pod-product-compliance
Lightning Source LLC
Chambersburg PA
CBHW020239090426
42735CB00010B/1766